SUPER 30

SUPER 30
A MOTIVATIONAL JOURNEY TO MATHEMATICS

한 번에 30명씩, 세상을 바꾸는
인도 수학자의 교육 여행

슈퍼 30

비주 매튜 지음 | **한유진** 옮김

ANAND KUMAR

〈|\|| 메종인디아

《Super 30》은 새로운 인도의 이야기입니다. 재능은 있지만 경제적으로 어려운 30명의 학생들이 미래를 바꾸어 갈 수 있도록, 그들에게 기회를 주기 위해 모든 역경에 맞서 싸운 수학 교사 아난드 꾸마르의 이야기입니다. 그의 엄청난 도전이 단순하고 현실적인 메시지로 감동을 줍니다.

고등 교육을 무엇보다 중시하는 인도 사회는 배움을 모든 어려운 상황을 극복할 수 있는 수단으로 여깁니다. 다만 식민지 시대의 무관심과 투자 부족 때문에 전통 교육 시스템이 무너지면서 1947년 독립할 당시 인도 문맹률은 12%에 달했습니다. 1995년까지는 세계에서 가장 경쟁이 치열한 입학시험을 통해서만 들어갈 수 있는 인도공과대학(이하 IIT)이 5개였지요. 오늘날에는 23개로 늘었지만 16,000명이 조금 넘는 정원을 차지하기 위한 경쟁은 여전히 치열합니다.

현재 인도는 수준 높은 고등 교육 기관을 설립할 정도로 괄목할 만한 발전을 이루었습니다. 인도 독립 직후에 설립된 IIT는 기술 교육의 선구적인 기관으로 졸업생들이 진출한 모든 분야에서 최고의 자리에 오르며 오랫동안 하나의 브랜드로 자리매김했습니다.

　주인공인 아난드 꾸마르는 MIT에서 공부하고 싶다는 자신의 꿈은 이루지 못했지만, 다른 사람들이 꿈을 이룰 수 있도록 계속 돕고 있습니다. 그가 매년 학생들이 불가능한 것을 성취할 수 있게 영감을 주는 것은 아마도 그의 교수법과 더불어 희생정신 덕분일 것입니다.

　그의 업적과 제자들의 성취가 여러 미디어와 다큐멘터리, 영화 등을 통해 전 세계에 알려졌으며, 인도 정부는 2023년 교육 분야에 대한 그의 공로를 인정하여 빠드마 슈리상을 수여했습니다. 이는 민간인에게 수여하는 상으로는 4번째로 높은 국가 훈장입니다. 앞으로 더 밝아질 인도의 미래와 더불어 아난드 꾸마르와 같은 사람들과 IIT 출신들의 성공 스토리가 더욱 많아지기를 기대합니다.

아밋 꾸마르(Amit Kumar) 주한인도대사

수험생들에게 킬러문항 풀이를 알려주고 1년에 백억 대의 큰 수입을 올린다는 대치동 일타강사 이야기가 다소 불편한 우리에게 Super 30 이야기는 너무나 신선한 충격으로 다가온다.

우리 못지않게 학부모들의 교육열이 불타고 있는 인도에서 아난드 꾸마르가 마음만 먹었으면 백억이 문제가 아닌 엄청난 부를 만들어 낼 수 있었을 것이다. 그러나 그는, 재능은 있으나 형편이 안 되어 진학의 꿈을 포기해야 하는 학생들을 위한 헌신을 선택했다.

그가 한 일을 우리나라 형편에 비유하자면, 매년 재능은 있으나 가정형편이 어려운 학생 30명을 뽑아 돈 한 푼 받지 않고 열정을 다 해 먹여주고 재워주고 가르쳐서 거의 전원을 SKY 대학교에 합격시킨 것이다.

이 책을 읽으면서 '우리도 이런 적이 있었지.'라는 생각을 하면서, '과연 우리 사회는 아난드 꾸마르 같은 사람의 헌신이 필요하지 않을 정도로 성숙한가?'라는 의문을 가지게 된다. 좋은 대학에 가기 위해 오늘도 열심히 공부하고 있는 학생들과 지도하는 선생님들, 그리고 학부모님들께 일독을 권한다.

이준규 인도포럼 회장 (前 주인도 대사)

"가르친다는 것은 다만 희망에 대해 이야기하는 것이다."

아난드 꾸마르는 이 진리를 몸소 실천하고 있는 훌륭한 스승이다.

Super 30의 성공은 저소득층 학생들의 자존감을 높이는 것에서 시작된다. 가난으로 인한 열등감으로 꿈을 잃어버린 학생들이 절망의 늪에서 빠져나와 자신의 잠재 능력을 믿고 꿈을 실현하도록 희망을 전하는 메시지의 힘이다. 그 메신저가 아난드 꾸마르라는 구루(guru)이다. 필독을 권한다.

백좌흠 사단법인 인도연구원장

수학 천재로 가난한 청소년들의 희망제작소를 운영하는 아난드 꾸마르가 있어서 인도가 아름답게 느껴진다. 한 천재의 빛나는 실천은 몇 명의 아이들을 인도공과대학(IIT)에 보냈다는 숫자의 의미가 아니다. 큰 울림을 주는 희망의 메시지다. 이 희망의 메시지가 세계 곳곳에서 울려 퍼지고 한국에서도 제2, 제3의 아난드 꾸마르가 나오기를 기대한다.

박여송 인도미술박물관장

《Super 30》은 학생들의 선발과 교육, 그리고 그들이 겪는 어려움과 도전을 상세히 다루며 교육의 힘과 노력의 중요성에 대한 생생한 인사이트를 전달한다. 또한 아난드 꾸마르의 열정과 노력, 그의 사회적 약자들에 대한 이해와 도움에 대한 감동의 이야기를 담고 있다.

결국 교육을 바꾸는 것은 현장의 선생님들이라는 생각이 든다. 경제적으로 열악한 환경에서도 잠재력을 발휘할 수 있는 학생들이 아난드 꾸마르와 같은 훌륭한 선생님을 만나 동등한 출발선에서 인생을 시작할 수 있기를 바란다.

교육과 사회적 변화에 관심 있는 이들에게 강력히 추천하는 바이다.

이형세 한국디지털교육협회장, 테크빌교육㈜ 대표이사

첫 페이지를 여는 순간부터 마지막 페이지까지 단숨에 읽어 버렸다. 그리고 마지막 장을 덮은 후 표현하기 힘든, 먹먹해지는 마음을 주체할 수 없었다. 이는 가난이라는 역경 속에서 아난드 꾸마르가 노력과 헌신으로 만든 기적의 결과 때문만은 아니었다. 오히려 그 뒷면에 혼자 아픔을 참고 인내하고 도전한 인간으로서 아난드 꾸마르가 겪어야 했던 말 못 할 마음을 읽을 수 있었기 때문이다.

많은 생각을 하게 한 책이다. 인생의 가치가 무엇이며, 그 가치를 실행하기 위해 도전한 아난드 꾸마르의 Super 30은 이 시대를 살아가는 리더들이 진정으로 고민해야 할 것이 무엇인지 깨닫게 한다.

이제야 이 책이 한국에 소개되는 것이 아쉬운 감은 있지만, 지금이라도 이 사회에 작은 경종을 울려 대한민국 미래를 이끌어 갈 젊은 세대들에게 환원과 나눔이 더욱 활발하게 일어나기를 기대해 본다.

이용덕 서강대학교 교수, 드림앤퓨쳐랩스 대표

2022년 6월 수학싸부 회사로 전화가 한 통 왔다. 인도의 한 수학 교사가 나를 만나고 싶다는 것이었다. 유튜브에 올린 내 강의를 보고 수학 문제를 새로운 시각으로 푼다며 한국에 오겠다고 했다. 한국어로 강의하는 내 강의를 수식만 보고도 알아챈 것이었다.

그는 인천공항에 도착하자마자 우리 회사로 달려왔다. 그리고 회사 곳곳을 둘러보며 강의 제작 시스템에 대해 깊은 관심과 열정을 보였다. 그리고 쉴새 없이 질문을 하기 시작했다.

아난드 꾸마르가 인도에서 그렇게 유명한 사람인지 대화하며 알게 되었다. 그리고 그가 취약계층의 교육 불평들 해소를 위해 많은 노력을 하고 있다는 것을 알게 되었다.

나도 대한민국 취약계층을 돕기 위해 기업들을 찾아다니며 후원을 요청하는 일을 하고 있어서 같은 관심사로 우리는 금세 친해졌다.

취약계층에게 수학을 제대로 가르치는 것은 좋은 대학에 보내는 것을 넘어 더 큰 의미가 있다. 노동의 시대가 저물어가고 AI의 시대가 열리면서 가장 중요한 능력이 수학적 사고력과 문제해결력이기 때문이다. 미래에는 이 능력이 있고 없고가 생존의 문제일 수 있을 것이다. 일론 머스

크가 챗GPT를 이기기 위해 세운 xAI의 공동창업자인 그레그 양(Greg Yang)도 유명한 수학자이다. 일론 머스크는 더 발전된 생성형 AI를 만들기 위해서 수학이 핵심이라는 것을 간파했다.

우린 더 많은 대화를 하지 못한 아쉬움을 남긴 채 헤어졌다. 그는 꼭 인도를 방문해달라고 했다. 우리는 머지않아 인도에서 만나 못다한 이야기를 이어서 하게 될 것이다.

차길영 수학싸부, 세븐에듀 대표

ANAND KUMAR

안녕하세요? 《Super 30》이 힌디어, 영어, 일본어 및 인도의 여러 지역 언어로 번역되었는데, 이렇게 한국어로도 출간되어 반갑습니다.

20여 년 전 저의 아버지가 돌아가신 후 아무것도 없을 때, 빠뻐드를 팔아서 배고픔만 겨우 면하며 살던 시절이 있었습니다. 그렇게 아무것도 없던 상황에서 Super 30을 시작했습니다. 뉴욕타임즈는 세계에서 가장 어려운 시험이 바로 IIT(인도공과대학교 Indian Institue of the Technology) 입학시험이라고 합니다. 바로 이 IIT 입학시험에 학생들이 합격할 수 있도록 도운 것이, 제가 한 일입니다. 저는 그저 이 아이들을 도왔습니다. 학생들은 배가 고파도, 열이 나도, 잠을 줄이고 정말 열심히 공부했습니다. 공부하고 또 공부하고, 그렇게 노력했습니다.

이 학생들의 이야기에 깊은 인상을 받은 비주 매튜 박사가 캐나다에서 인도로 와서 몇 달간 Super 30의 모습을 가까이에서 지켜본 후, 반드시 세상에 알려야 한다며 집필한 것이 바로 이 책《Super 30》입니다.

지난 20년 동안 Super 30에서 500~600명의 학생들이 공부했고, 그들의 삶이 바뀌었습니다. 마이크로소프트와 같은 굴지의 글로벌 기업을 비롯해 인도 내 대기업에 근무하거나 스타트업 대표가 되는 등 이전과 다른, 자신이 원하는 삶을 살고 있습니다. 편안하게 몸을 누일 집도, 따뜻한 옷도, 배불리 먹을 끼니도 해결할 수 없던 이 학생들에게는 '뭐든지 하겠다'는 의지만 가득했습니다. 저는 그런 의지가 있는 학생들이 안정된 마음 상태에서 공부에 집중할 수 있도록 도왔을 뿐입니다.

Super 30이 책으로, 영화로 만들어져서 많은 사람들에게 알려진 후 큰 변화가 생겼습니다. 그중 가장 놀라웠던 것은 사람들의 변화입니다. 전에는 운전사의 아들은 운전사, 노동자의 아들은 노동자가 되는 것이 당연하다고 생각하던 사람들이 이제는 달라졌습니다. 자신은 길바닥에서 쓰러질 때까지 일해도, 심지어 피와 살을 내다 팔더라도 자식만큼은 공부시켜서, 돈을 주는 고용주보다 더 큰 일을 하는 사람으로 만들고 말겠다 마음먹게 된 것입니다. 즉 교육이 한 사람의 인생을 바꿀 수 있다는 것을 알게 된 것이지요.

한국은 100%에 가까운 사람들이 글을 읽을 수 있고, 대학진학률도 매우 높은 나라라는 사실을 잘 알고 있습니다. 그리고 지금의 한국이 있기까지 바로 그 높은 교육열이 크게 기여를 했다는 점도 익히 들어 알고 있습니다.

반면 그 높은 교육열 때문에 보통의 학생들에겐 엄두가 나지 않는 매우 비싼 학원이나 개인 과외를 받으며 공부한다는 것도 들었습니다. 저는 다양한 경제적 또는 환경적 이유로 공부를 더 잘할 수 없다고 낙담하거나, 시험에 떨어지면 인생이 어떻게 될지 모른다는 두려움에 빠져 있을지도 모르는 한국의 학생들에게 Super 30의 이야기가 크게 동기부여가 되기를 바랍니다.

두려움은 마음의 평화와 안정감을 앗아갑니다. 그리고 목표에 집중할 수 없게 합니다. 하지만 무언가를 하고자 하는 마음, 강한 마음의 동기가 있으면 목표에 집중하고 꿈을 이룰 수 있습니다.

저는 이 책을 읽는 한국의 학생들과 부모님들이 자신의 마음에 새긴 동기, 목표를 이루려는 나만의 이유를 기억하고 자신의 꿈을 이루며 하늘 높이 날아오르기를 바랍니다.

빠트나에서
아난드 꾸마르

CONTENTS

추천의 글   04

한국의 독자들에게   12

들어가며   20

서문   29

1 꿈의 무대

2014년 9월 30일 MIT 미디어실   36

2 수학의 전설

보편화된 가난, 그리고 상실   54

상실의 그림자를 거둔 아이   58

남다른 실험 정신   61

대를 이어온 철학, 교육만이 삶을 바꾼다   66

든든한 지지자, 아버지   69

일찍부터 드러난 수학 천재의 자질   75

3 돌이킬 수 없는 상실

Super 30의 씨앗을 심다   82

뒷마당에서 시작한 수학교실   87

케임브리지 유학을 꿈꾸다   92

인생의 큰 기둥, 아버지를 잃다   98

4 빠뻐드팔이 청년에서 일타강사로

기댈 곳 없는 절망, 아버지를 따라 죽어가는 꿈   108

수학교실을 접고 생계 전선에 뛰어들다   115

다시 배움의 길로   119

배고픔의 위력   123

1년 후, 다시 분필을 잡다   125

빠트나 최고의 합격률을 자랑하다   132

5   Super 30의 탄생

배움이 간절한 아이들   140

가족, Super 30의 지원군   144

Super 30, 미지의 강을 건너서   148

누구도 예상하지 못했던 성공   164

6   인생 역전의 주인공들

폭력과 절망의 환경에서 기적같이 꽃피운 아눕   170

다큐멘터리 주인공이 된 릭샤 운전수의 딸 니디   185

하나 남은 땅을 팔아 지원한 아버지의 희망, 알록   188

내 인생의 Super 30   191

7 더 밝은 미래

보이지 않는 적들의 위험 · 206

해외와 국내에서 명성을 인정받다 · · · · · · · · · · · · · · 211

교육의 격차를 개선하려는 노력 · · · · · · · · · · · · · · · 218

Super 30의 숨은 공로자들 · · · · · · · · · · · · · · · · · 221

IIT를 넘어, Super 30을 통해 본 교육의 본질 · · · · · · · 227

Super 30은 작은 시작 · 233

나오며 Super 30의 현재 · · · · · · · · · · · · · · · · · · 236

알아두기 · 244

역자 소개 · 250

2023년 인도의 현재

이 이야기의 배경이 되는 시기는 1990년대부터 2013년까지가 주를 이루고 있다. 이때까지만 해도 인도는 국가 경제발전이 더딘 상태였다. 게다가 인도에서 경제적으로 가장 낙후된 비하르 주가 배경이다 보니 글에서 언급되는 환경은 상대적으로 더 열악했음을 짐작할 수 있다.

그렇다면 2023년 지금의 인도는 어떨까? 인도가 가시적인 경제 발전을 보이기 시작한 것은 2014년 모디 총리가 당선되고 다양한 국가 발전계획을 수립·추진하면서부터다.

그중 눈에 띄는 것은 그동안 GDP에서 농업과 서비스업 비중이 높고 제조업이 낮았던 것을 개선시키기 위해 '메이크인인디아'라는 제조업 부흥 정책을 추진한 것이다. 또한 인프라 개선을 위해 전국 고속도로 및 철도, 주요 도시의 메트로(한국의 지하철) 건설, 신규 공항 건설 등을 시행했다. 이외에도 도시농촌간의 격차 해소 같은 사회적 불균형 해소를 시도했으며, 국가 통합 시스템 구축을 위한 정책의 일환으로 한국의 주민등록증 같은 아다르(Aadhaar)카드 발급 및 1인 1통장 개설 등을 추진해 왔다. 또한 교육 부문의 디지털화와 공중보건 제도의 정비, 민간 및 외국인 투자를 적극 장려하는 등 다양하고 포괄적인 정책을 수립하고 추진시켜 왔다.

특히 코로나 시기를 기점으로 인도의 변화 속도는 예전과는 비교할 수 없이 빨라졌다. 2022년까지 인도의 GDP 성장률은 7~8%를 유지해 왔는데, 2023년에는 전 세계 인플레이션의 영향으로 6.3%대가 될 것으로 주요 기관들은 예상하고 있다. 이는 GDP 규모로는 세계 5위다.

코로나 시기를 기점으로 가장 눈에 띄는 변화는 통신 발전과 스마트폰 사용자 증가인데, 이는 예전의 인도 사회가 갖고 있던 시간과 공간의 제약을 극복하는 데 크게 기여했다. 이로 인해 인도에서 이커머스 시장과 OTT 시장이 크게 확장됐고 그 파급효과로 5G통신 도입, 물류 시장의 급성장 등이 동시다발적으로 확대되면서 내수 소비시장이 다양한 분야에서 빠르게 점점 커가고 있다.

경제 발전의 속도뿐만 아니라 정치 및 외교 부문에서도 변화가 생겼다. 미국과 중국의 갈등이 시작되면서 인도의 지정학적 위치와 외교 관계에서의 위상이 예전과 크게 달라진 것이다. 이러한 인도의 위상을 반영하듯이 2023년 G20 의장국으로 선정되어 다양한 행사뿐만 아니라 의제 논의가 활발히 진행되고 있다.

　인도 국내뿐만 아니라 국외에서도 인도의 영향력은 큰 변화를 나타내고 있다. 2023년 발표된 바에 의하면 인도 인구가 14억 명으로 중국을 앞질러 전 세계 인구 1위를 차지했다. 인도도 중국 못지않게 전 세계 곳곳에 살고 있을 정도로 인도 디아스포라는 그 영향력이 점점 커지고 있다. 그중 미국으로 이민 갔던 인도인들이 서서히 사회에서 두각을 나타내면서 마이크로소프트, 구글, 펩시코, 어도비, 샤넬, IBM, 마스터카드와 같은 글로벌 기업들에 인도출신 CEO들이 발탁되었고, 실리콘밸리에서 인도 출신 인재들의 수가 점점 증가하고 있으며, 영국의 리쉬 수낙 총리를 비롯해 미국 정치계에도 인도 출신들이 점점 증가하고 있다.

　특히 지난 2~3년간 다수의 인도 출신들이 글로벌 CEO로 발탁되면서 이들이 인도 IIT 출신이라는 점이 알려지자 우리나라에서도 인도의 IIT, 즉 인도공과대학교의 존재를 인지하기 시작할 정도가 되었다.

인도의 이런 역량은 기초과학 연구를 비롯해 의학 및 약학, 공학에서 우주산업에 이르기까지 꾸준히 인재양성을 지속해온 것이 큰 뒷받침을 했다. 물론 국가적 지원이 부족한 부분은 사기업들이 재원을 출연하면서(대표적인 것이 타타 인스티튜트-사회과학, 기초과학연구) 인재 양성에 힘을 써 왔다.

이렇게 보유한 인재를 바탕으로 인도는 IT서비스를 비롯한 다양한 서비스 산업을 기반으로 성장해 왔고, 지금은 인도 주요 5대 도시 뉴델리 & NCR(수도권), 뭄바이, 뱅갈로르, 첸나이, 하이데라바드를 중심으로 IT산업과 전기전자, 자동차(세계 생산 4위) 제조를 비롯해 반도체 제조 산업 진흥까지 추진하고 있다.

물론 여전히 빈곤, 소득격차, 제도, 부패 등과 같은 문제가 존재하지만 이제 인도는 과거의 눈으로 바라봐서는 안 되는 격변의 흐름에 올라서 있다. 1년 전의 인도를 가지고 현재의 인도를 말하기에는 그 격차를 따라잡기 점점 어려워지는 국가가 되었다.

인도에서 <SKY 캐슬>이 인기 있는 이유 :
치열한 입시경쟁 & 높은 교육열

전 세계에서 공통적으로 나타난 현상이기는 하지만, 인도에서도 코로나 팬데믹 기간 동안 한국 드라마 시청자가 급격히 늘어나면서, 한류 열풍이 일어나기 어려울 것이라는 예상을 깨고 한류가 큰 인기를 끌고 있다.

물론 그전부터 K팝, 특히 소수의 BTS 아미들이 있어서 한류가 미미하게나마 존재하고 있었다. 다만 이는 소수 마니아가 즐기는 문화였지 다수의 사람들에게는 여전히 일본의 스시와 젠, 이케바나는 잘 알아도 한국 문화는 생소했다.

이런 인식을 바꾸게 된 계기가 바로 코로나 팬데믹이었다. 인도는 팬데믹 기간 동안 3개월간의 전면 이동제한 이후 약 2년 동안 부분적 이동이 가능했다. 그래서 많은 인도인들이 대부분 재택근무를 해야 했고, 이로 인해 인도인들의 라이프스타일에도 큰 변화가 왔다. 건강한 삶을 위해 조깅, 피트니스와 같은 운동 문화가 확산됐고 재택근무로 집에 있는 시간이 길어지면서 음식을 주문 배달해서 먹는 음식 배달 시장이 커졌으며, 이와 더불어 매일 먹는 인도 음식 외에 다양한 음식을 접해 보려는 욕구가 증가했고,

미국의 HBO나 디즈니, 유럽, 일본 및 중국 드라마나 영화에 식상해진 사람들이 새로운 콘텐츠를 찾으면서 한국 드라마의 인기가 급상승하게 된 것이다.

그 중 가장 인기 있었던 것이 〈사랑의 불시착〉이었으며, 그 외에도 다양한 드라마가 인기를 끌었는데 그중에서도 〈SKY 캐슬〉의 인기는 눈에 띄는 부분이었다. 그럴 수밖에 없었던 것이 인도 역시 높은 교육열과 치열한 입시경쟁이 있기 때문이다. 더욱이 나라가 워낙 크다 보니 한국에서 특정 학군으로 몰리거나, 대치동 입시학원에 몰리는 정도가 아니라 수백 킬로미터 떨어진 주에서 다른 주로 유학을 보내는 경우가 많고, 아예 유명 입시 학원이 몰려 있어서 입시 공부하기 좋은 곳으로 유명한 도시가 있을 정도다.

바로 '꼬타(Kota)'라는 도시로 라자스탄 주에서 세 번째로 큰데, 인도에서 한국의 〈오징어 게임〉 열풍이 한창일 때 이 꼬타 시(市)에 입시 공부하러 오는 학생들의 이야기를 그린 〈꼬타 팩토리〉가 상영되는 바람에 〈오징어 게임〉이 2위에 머물렀다가 뒤늦게 1위를 한 사연이 있다.

심지어는 시즌 2까지 방영됐는데, IIT에 입학하기를 바라는 부모들의 바람, 어떻게든 좋은 입시학원에 입학시키려고 애쓰는 부모들의 이야기, 기숙사에서 생활하면서 공부에 전념하는 학생들, 노력하지만 뜻대로 안 되어서 좌절하는 학생, 그런 학생에게 동기를 부여하고 틀에 벗어난 방법으로 가르치는 선생님 등 다양한 캐릭터들이 등장한다. 그러면서 IIT에 입학하는 학생들을 마치 공장에서 기계 돌리듯 양성한다는 의미로 풍자한 〈꼬타 팩토리〉는 시즌 1과 2 모두 큰 인기를 끌었다. 실은 이 〈꼬타 팩토리〉가 방영되기 1년 전 쯤에 바로 한국 드라마 〈SKY 캐슬〉이 방영되었다. 이를 본 많은 인도인들은 부모의 높은 교육열과 입시경쟁은 크게 공감했지만, 그들이 하나의 '성'을 이루며 모여 사는 설정에 대해서는 독특하다며 흥미로워 했다.

인도인들이 〈SKY 캐슬〉과 〈꼬타 팩토리〉에 공감하는 이유는 무엇일까? 바로 현재 자신을 둘러싼 경제적 사회적 환경의 한계를 뛰어넘을 수 있고, 자신의 성공뿐만 아니라 가족의 윤택한 삶을 보장할 수 있는 확실하고 효과적인 첫 번째 수단이자 관문이 바로 좋은 학교에서 결정된다는 부분이다.

인도에서도 많은 부모들이 자녀가 의대 아니면 공대에 가기를 바란다. 가장 큰 이유는 둘 다 취업하면 높은 보수가 보장되기 때문이다. 그렇게 경제적으로 윤택해지면 지금의 삶보다 더 나은 삶을 살 것이라는 기대감, 바로 그것이 인도와 한국의 부모들이 공통적으로 자녀들의 교육에 열을 올리는 이유다.

또한 치열한 입시 경쟁에 놓은 학생들의 처지 역시 크게 다를 바 없다. 인도는 공립과 사립학교 모두 학교에서의 수업만 가지고는 JEE(Joint Entrance Exam, 입학시험)를 치르기에 턱없이 부족해 입시학원 및 그룹 과외가 매우 일반화되어 있다. 실력 있는 일부 학교 교사들이 그룹 과외를 하기도 하고, 소위 '일타강사'라는 선생님을 두고 학원을 운영하는 곳도 있다. 그래서 인도의 사교육 시장은 한국 못지않게 거대한 산업이 된 지 오래다.

이렇게 공부한 학생들은 대학에 입학하기 위해 우리나라의 수능시험처럼 전국적으로 시험을 치른다. 다만 공과대학을 주요 목표로 하는지, 의과대학인지 등 전공 분야에 따라 각각 다른 시험을 치르는데, 이 책에 나오는 JEE는 공학 계열에 입학하려는 학생들이 치르는 입학시험이다. 공학 계열의 인기가 높다 보니, 시험을 치르고 발표가 날 때마다 인도 전체가 관심을 기울이는 시험이 되었고, 우리의 수능시험일 풍경처럼 JEE가 있는 날은 전국적으로 언론에서 보도하기도 한다.

이런 공통적인 점이 있어서기도 하지만, 그 외에도 가족

관계, 가족의 기대에 부응하려고 하는 심리적 압박감, 감성 코드 등에서 인도인들이 크게 공감한 것이 〈SKY 캐슬〉이 인기 있던 이유다.

인도, 알고 보면 한국과 참 많이 닮은 구석이 있는 나라다.

2023년 10월

한유진

서문

2008년 5월 30일 비하르 빠트나(Patna)에 맑고 푸른 새벽이 밝아 오고 있었다. 부엌에선 아침을 준비하는 소리가 들리고, 아이들은 잠자리를 빠져나와 교복으로 갈아입고 있었다. 아직 이른 시간인데도 찬드뿌르 벨라(Chandpur Bela)의 빈민가가 분주했다. 사람들이 샨띠 꾸띠르(Shanti Kutir)로 모여들고 있었던 것이다. 많은 사람들이 모여든 시끌벅적한 소동의 중심에 셔츠를 입은 한 젊은 청년이 있었다.

아난드 꾸마르(Anand Kumar)는 불안하고 긴장된 모습이 드러나지 않도록 애쓰면서 질문에 답하거나 격려 인사를 받으며 사람들과 이야기하고 있었다. 그가 지난해 지도한 서른 명의 학생들이 IIT 입학시험을 치렀는데, 드디어 결과가 발표되는 날이었다. 지난밤 서른 명 모두 아난드 집에서 거의 뜬 눈으로 밤을 새웠다. 매해 거듭하면서도 아난드는 학생들의 결과를 모두 확인하는 마지막 순간까지 긴장을 늦출 수 없었다. 아침 6시가 되자 모두들 자는 척하는 것을 포기하고 일어났다. 아난드의 어머니 역시 일찌감치 모두를 대접할 차를 준비하고 있었다. 별로 크지 않은 아난드의 집이 곧 사람들로 가득 채워졌다.

기자들도 새벽 6시 반쯤부터 나타나기 시작했다. 아난드가 오전 9시에 결과가 발표된다고 알렸지만 다들 발표 전의 분위기 또한 취재하고 싶은 모양이었다.

2008년에 이르러 Super 30이라는 이름이 많이 알려져 있었다. 피플(People)지는 아난드 꾸마르를 영웅으로 소개했고, 뉴스위크(Newsweek)지는 Super 30을 세계 4대 혁신 학교 중의 한 곳으로 소개하였다. 더구나 2007년에 28명의 학생이 IIT 입학시험을 통과했기에 모두의 기대가 하늘을 찌를 기세였다. Super 30이 유명해지면서 아난드는 지난 몇 년 동안 친해진 기자들의 현장 인터뷰 전화를 받았다. 겉으로 보기에는 학생들을 능숙하게 다독이고 언론을 매료시키는 의연한 모습이었지만, 오전 9시가 가까워지면서 아난드는 시험 결과가 모두를 실망시키지 않기를 기도했다.

오전 9시 15분 전 아난드는 응시한 학생들의 명단을 손에 쥐고 컴퓨터 앞에 앉았다. 그의 주변으로 학생들이 모여들고 그 주위로 사람들이 겹겹이 에워쌌다.

9시 1분, 라께쉬 꾸나르(Rakesh Kunar) 합격!

함성이 쏟아지고, 모두들 라께쉬를 축하하는 가운데 기자들이 그를 인터뷰하기에 바빴다. 아난드가 다른 29명을 확인하고 있었다. 수험번호를 컴퓨터에 입력하는 동안 모두 숨죽이며 기다렸다. 길게만 느껴지는 버퍼링. 수많은 지망생들이 접속하다보니 어쩔 수 없었다. 몇 분 후, 자이람(Jai Ram) 합격! 계속해서 18번째 학생까지 모두 합격이었다. 가득 찬 열기로 땀에 흠뻑 젖으면서도 아난드의 입가에 웃음이 번지고 있었다. 그가 계속해서 결과를 확인하는 가운데 팝업창과 버퍼링이 반복되면서 함성도 이어졌다.

거의 한 시간 반이 지났을 무렵, 컴퓨터 앞에는 아난드와 마지막 서른 번째 학생인 란잔 꾸마르(Ranjan Kumar)만이 남았다.

"너무 걱정하지마. 다 잘 될 거야."

아난드가 하얗게 질려 있는 란잔에게 말했다. 합격이었다. 란잔이 아난드를 꽉 끌어안았다. 눈물과 웃음이 동시에 터져 나왔다. 승리의 기쁨이었다.

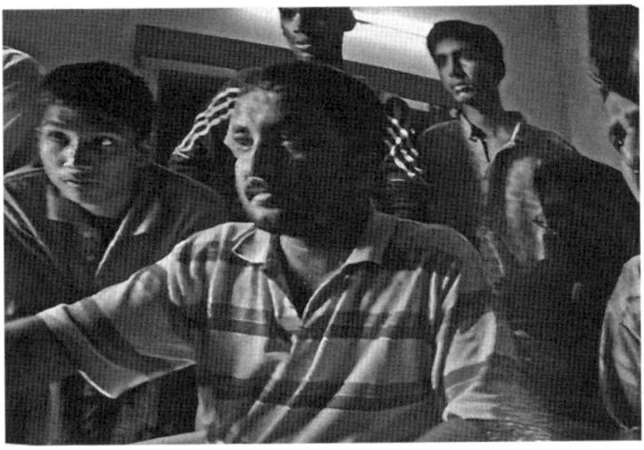

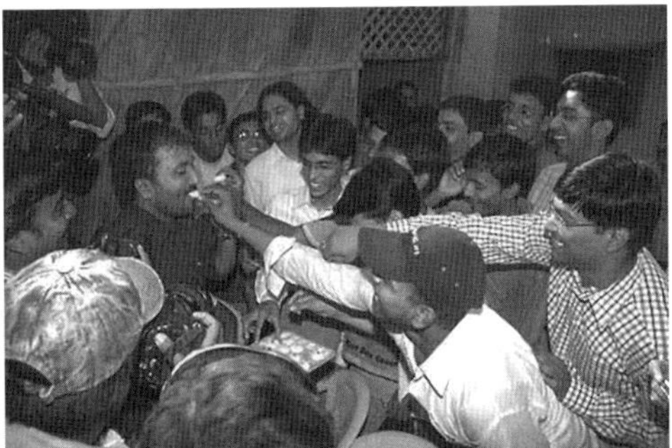

누군가 아난드를 어깨 위로 목마 태우고, 랃두를 먹이기도 했으며, 여기저기 후레시가 터졌다. 내일의 신문 헤드라인은 아난드 이야기로 채워질 것이다. 모두 "아난드 선생님, 만세!"를 외쳤다. 결과 발표 날 함께하려고 수빠울(Supaul)에서 찾아온 디뿌 꾸마르(Deepu Kumar)의 아버지는 기쁨에 겨워 흐르는 눈물을 주체할 수 없었다. 사헤이(Sahay)의 어머니도 아난드의 어머니를 도와 많은 양의 뿌리*와 절레비**를 만들었다. 기자들은 가능한 한 많은 학생들을 취재하려고 열심이었다. 모든 것이 현실이라고 믿어지지 않을 정도였다. 아난드는 꿈을 꾸는 것 같았다. 기쁨으로 반짝이는 학생들의 얼굴을 보며 터질 듯한 행복감에 흐르는 눈물을 감출 수 없었다.

새로운 역사가 만들어졌다. Super 30 한 명 한 명 모두의 성취였다.

---

* 뿌리 : puri, 얇게 민 반죽을 기름에 튀긴 인도식 빵의 한 종류

** 절레비 : jalebi, 회오리 모양으로 튀긴 후 설탕물에 절인 후식의 한 종류

"아름다운 세상이 우리 모두에게
필요합니다. 아름다운 세상이란
가난과 문맹을 이겨낸 진정한 이해와
공감의 세상입니다."

1

꿈의 무대

2014년 9월 30일
MIT 미디어실

아난드 꾸마르가 평범한 셔츠와 바지 차림으로 무대에 서 있었다. 떨려 보였지만 확신에 찬 작은 미소를 입가에 띤 모습은 도저히 믿기지 않는 상황에 가슴이 벅차오른 듯 보였다. 그야말로 비현실적이기까지 한, 이전에 느껴보지 못한 감정이었으리라. 가장 권위 있다고 생각했던 보스턴 매사추세츠공과대학(MIT)의 교수와 학생들에게 세상에서 유일한 Super 30에 대하여 이야기하는 자리였다. 그의 마음속에 지난 일들이 스쳐갔다. 얼마 전만 해도 빠뻐드*를 팔기 위해 자전거로 마을을 돌면서 케임브리지대학에서 공부하려던 꿈이 산산조각 난 것을 애써 잊으려 했었다. 그런 그가 지금 MIT에 있다. 그는 마음을 다잡고 발표를 시작했다.

"오늘 여러분을 만나 이야기할 기회를 주셔서 감사합니

---

* 빠뻐드 : papad, 식사에 곁들이는 짭짤한 간식의 한 종류

다. 세계 최고인 이곳에 초대되었다는 사실이 믿기지 않습니다. 많은 이들이 수준 높은 교육을 받기 원하고 꿈꾸는 이곳 MIT에 제가 왔습니다.

저는 인도의 비하르 출신입니다. 비하르는 한때 날란다(Nalanda)대학과 비끄람쉴라(Vikramshila)와 함께 교육 분야에서 대단히 전통 있던 곳으로 알려진 곳입니다. 하지만 지금은 사회 지수 전반에 걸쳐 최하위에 머무는 낙후된 지역입니다. 문맹률이 전체 인구의 약 40%에 이를 정도지요.

오늘 저는 새로운 것을 이야기하러 온 것이 아닙니다. 우리가 처한 대부분의 문제들이 가난과 무지에서 시작되기에, 이를 해결하기 위한 가장 강력한 무기가 바로 교육에 있다는 점을 말하고자 합니다. Super 30은 이를 위한 걸음이었습니다. 저는 험한 풍랑 속에서도 굳은 결의와 능숙한 솜씨만 있다면 항해할 수 있다는 희망 하나로 시작했습니다.

한 소년을 떠올려 보세요. 이름이 산또쉬(Santosh)입니다. 비하르 주의 주도(主道)인 빠트나에서 40킬로미터 떨어진 마을의 가난한 집안 출신으로 채소 행상을 하는 아버지 어머니와 함께 국도 근처에 살았어요. 학교에 다니기는 했지만 선생님은 대부분 결근했고, 방과 후에는 늘 아버지 장사를 도왔습니다.

힘든 중에도 산또쉬와 그의 부모님은 교육의 힘을 알았습니다. 10학년까지는 겨우 마쳤지만, 졸업 후에는 어떻게 학업을 이어가야 할지 몰랐지요. 수학을 잘했기에 주변에서 다들 인도공과대학(IIT)을 목표로 공부하라고 했습니다. 그래서 빠트나로 가기로 마음먹었지만 빠트나의 IIT 입시 학원비가 너무 비싸 감당할 방법이 없었어요. 그때 Super 30을 알게 되었고 입학시험을 치른 후에 프로그램 멤버가 되어 결국 IIT 까라그뿌르(Kharagpur)에 입학했습니다. 길거리 가게에서 시작하여 유럽의 학자가 된 산또쉬의 인생 이야기는 인도뿐 아니라 일본, 독일, 미국에서도 관심을 받았어요. 끼니도 거르고, 전기도 없어 작은 등불 밑에서 공부했던 산또쉬 이야기가 다큐멘터리로 만들어지기까지 했습니다. 그는 지금 유럽의 우수한 대학에서 연구 중입니다.

이번에는 아눕(Anup) 얘기를 해 볼까요? 아눕은 낙살라이트* 문제가 심한, 비하르의 외딴 마을 쩨누우(Chenw)에 살았습니다. 먹고살기 힘들 정도로 가난했지요. 당시 8살이던 아눕은 배고픔에 울기도 했습니다. 그날 밤도 끼니를 거르고 힘들어 하는 아들을 보다 못한 그의 아버지가 어떻게든 쌀을 구해 오기 위해 밖으로 나갔어요. 죽이라도 끓일 수 있기를 기대하며 밤새 기다렸지만 아버지는 돌아오지 않았습니다. 누군가 낙살라이트 소행이라고 했어요. 마을 사람들이 며칠 동안이나 찾았지만 끝내 아무런 흔적도 찾지 못했습니다.

그 후 아눕은 처음에는 슬퍼했지만 나중에는 자신이 처한 비참한 가난에 화가 난 아이로 자랐습니다. 엄청난 빈부격차에 환멸을 느꼈어요. 그러니 극좌파 당원들의 폭력적인 복수 방법에 끌리기 쉬웠을 겁니다. 하지만 그의 어머니는 최고의 무기가 단 하나, 교육이라는 것을 알았습니다. 어머니는 힘들게 일을 해 아눕을 학교에 보냈습니다. 다행히 아눕은 10학년 시험에서 높은 점수를 받았고 진

---

* 낙살라이트 : Naxalite, 마오주의 사상을 지지하는 공산주의자 그룹으로, 인도의 극좌파 무장단체다. 정부와 지속적인 갈등을 일으키며 '붉은 회랑'이라고 불리는 지역에서 영향력을 행사하고 있다. 이들은 이 지역에서 무장 폭력과 범죄를 일으키는데, 2009년 180개 지역에서 2021년 70개 지역으로 영향을 받는 지역이 감소했으며, 가장 영향을 많이 받는 지역은 25개로 제한되었다. 이들은 지리적으로 멀고 낙후된 농촌 지역에서 주로 활동하고 있으며, 전문가들은 윤리적 거버넌스와 개발 및 보안을 해결책으로 제시한 바 있다.

학 상담을 위해 빠트나에 왔습니다. 니띠쉬 꾸마르(Nitish Kumar)의 집에 있던 자나따 식당(Janata Darbaar)을 찾아왔어요. 그러나 니띠쉬는 그들의 이야기에 공감했지만 직접적인 지원은 할 수 없었습니다. 달리 뾰족한 방법이 없어 난감하던 그 때, 비하르 주(State) 장관의 집에 있던 누군가가 아난드 꾸마르를 만나러 가자고 제안했습니다. 무상으로 학생들을 가르치는 선생님이라고 알려주었어요. 그래서 제가 아눕과 그의 어머니를 만났습니다. 둘 다 맨발인데다 땀에 흠뻑 젖은 모습이었지만 눈빛만큼은 반짝이고 있었습니다. 그 후로 2년 동안 아눕은 정말 열심히 공부했고 지금은 IIT 뭄바이(Mumbai) 3학년에 재학 중입니다.”

아난드가 학생 한 명 한 명의 사진을 화면으로 보여주며 이야기하는 동안 관중들은 숨죽이며 들었고, 중간중간 자기도 모르게 박수를 치며 집중하는 이들도 있었다. 아난드는 계속해서 더 많은 학생들의 이야기를 이어갔다. 아버지가 삼륜차 운전수였던 아누빰(Anupam)을 비롯해 산또쉬나 아눕처럼 모두 Super 30이라는 인생 최고의 기회를 만나 가난의 굴레에서 빠져 나온 젊은이들이었다.

아난드의 발표가 이어졌다.

“이제 Super 30에 대해 말씀드리겠습니다. Super 30

은 제가 저소득층 학생들을 위해 2002년에 시작한 프로그램입니다. 저 또한 가난이 무엇인지 아주 가까이서 보아온 사람으로서 극빈함의 고통을 잘 압니다.

제 아버지는 인도 우체국 소속의 하급 공무원이었습니다. 반면에 저는 수학자가 되고 싶어서 늘 새로운 수학 공식을 찾기 바빴지요. 대학 시절 수학 논문을 몇 편 썼는데, 외국의 유명 학술지에 실리기도 했습니다. 케임브리지대학에도 합격했지만 금전적인 문제로 포기할 수밖에 없었습니다. 도움을 받아 보려고 정말 노력했지만 모두 거절당하고, 낙담한 상태에서 갑자기 아버지마저 돌아가셨을 때 저의 세상은 산산조각 났습니다.

가족 부양을 포함해 가장으로서의 책임과 의무가 제게 남았습니다. 그 당시 남동생은 빠드마 부샨 N. 라잠(Padma Bhushan N. Rajam)*의 제자로 바나라스힌두대학(Banaras Hindu University)에서 바이올린을 전공하던 중이었어요. 아버지가 돌아가신 후 아버지가 일하시던 우체국에 일자리를 제안

---

* 빠드마 부샨 상을 수상한 N 라잠을 뜻한다. 빠드마 부샨 상은 인도에서 국가가 민간인에게 수여하는 상 중에 세 번째로 높은 상으로 의사와 과학자를 포함해 공무원까지 높은 수준의 뛰어난 서비스를 제공하는 사람에게 수여한다. 수상자는 인도 공화국의 날인 1월 26일에 발표하며, 2000~2009년 가장 많은 291명이 수상했고, 2010~2019년에는 218명이 수상했다. 2020년부터 현재까지는 33명이 수상했다. N 라잠은 인도 클래식 음악(인도의 전통 음악)을 연주하는 바이올리니스트로 그녀 가족 3대가, 그것도 여성만으로 구성된 팀으로 공연하는 등 매우 드문 클래식 음악의 계보를 탄생시킨 인물이다. 여성으로서는 드물게 힌두바나라스대학의 음악교수에서 공연예술학부 학장 겸 학교 학장이 됐다.

받았지만 거절하고, 대신 이웃 학생들을 대상으로 수학 과외를 시작했습니다. 가까운 곳에 방을 얻어 학생들을 가르쳤는데, 학생들에게 비용은 낼 수 있는 만큼 내도록 했습니다. 하지만 현실은 만만치 않았어요. 먹여 살려야 하는 가족이 있으니까요. 어머니가 빠삐드를 만들면 제가 자전거로 집집마다 다니며 팔았습니다. 창피한 마음이 들 때도 있었지만 결코 희망과 용기를 잃지 않았습니다.

제 수학 과외 교습이 비하르 지역의 저소득층 학생들 사이에서 유명해지면서 학생 수가 늘어 갔습니다. 한번은 아주 똑똑한 학생이 찾아와서 학비로 1년에 500루피*도 못 낼 정도로 형편이 좋지 않다며, 아버지가 재배하는 감자를 수확한 후에 수업료를 내겠다고 했습니다. 궁금한 마음에 빠트나 어디에서 머물고 있냐고 물었더니 어느 부잣집 계단 아래에서 지낸다고 하더군요. 믿어지지 않아서 그 소년을 찾아가 보기로 했습니다. 계단 밑 좁은 장소에서 물리학 책을 읽고 있더군요. 그 모습이 저를 흔들었습니다. 순간 힘들었던 제 어린 시절이 떠올랐습니다. 바로 이

* 500루피는 2023년 기준으로는 약 8,000원 가량 되는데, 이 책의 배경인 2000년 초에는 당시 환율을 고려해 약 12,500원 가량 된다. 현재 환율을 기준으로 보면, 인도 현지에서 500루피면 서민 여성들이 입는 저렴한 사리 한 벌에서 서민 식당에서 3명이 식사할 수 있는 금액이지만, 스타벅스 카푸치노 커피 한잔 정도의 가치이기도 하다. 저렴한 식당에서 남인도식 필터커피 10잔을 사 마실 수 있으며, 빠삐드 400g 한 봉지를 2~3개 살 수 있는 금액이기도 하다.

경험이 제 마음 속에서 Super 30의 불씨가 되었습니다.

저는 바로 뭄바이에서 뛰어난 바이올리니스트로 활동하고 있던 동생에게 연락했고, 함께 Super 30 프로그램 아이디어를 구상했어요. 동생은 이전에도 저를 많이 도왔지만 이번에는 본격적으로 Super 30의 경영을 맡기로 했습니다. 철저한 심사를 거쳐 가난하지만 재능 있는 학생 서른 명을 뽑았고, IIT를 목표로 숙식을 포함하여 전부 무상으로 제공하는 학습 프로그램을 계획했습니다. 물론 그 과정이 쉽지는 않았지만 가족들 모두 어떤 일이든 돕겠다고 나섰습니다. 그동안 수학 수업으로 모은 자금을 자본으로 하고 어머니는 학생들의 식사를 준비했습니다. 학생들이 아무 방해도 받지 않고 공부에만 집중할 수 있도록 프로그램을 만들었습니다.

첫 성공 이후 기부금 제안을 많이 받았지만 모두 정중히 거절했어요. 많은 분들이 제가 왜 경제적인 도움을 받지 않는지 물었습니다. 그 이유는 아주 명확합니다. 인도에서 가장 낙후된 지역인 비하르에서도 열정과 결단력만 있다면 원하는 모든 걸 이룰 수 있다는 걸 증명해 보이고 싶었습니다. 자원과 인프라 부족은 중요하지 않다는 사실을 보여 주고 싶은 것이었죠.

프로그램이 성공적으로 진행되면서 감사 인사도 많이 받았지만, 동시에 주변 학원들이 연대한 코칭 마피아*들의 심한 견제도 견뎌야 했습니다. 빠트나에서 학원 사업은 매우 수익성 높은 분야여서 Super 30의 성공과 인기를 위협적으로 받아들이는 사람들이 있었어요. 저는 무장 강도의 습격을 세 번이나 받았습니다. 가르치는 일에 종사하지도 않는 직원 문나(Munna)는 중상을 입기까지 했습니다. 칼에 찔려서 목숨이 위험한 순간도 있었고 3개월 동안 입원해서 치료를 받기도 했습니다. 친구들 몇몇은 왜 이런 위험을 감수하면서까지 Super 30을 운영하냐고 물었지만 저는 진심으로 단 한 번도 용기를 잃었던 적이 없습니다. 정부에서 보디가드 두 명을 지원해 주었고 아직도 함께 다니고 있습니다.

이런 어려움 속에서도 합격 소식을 확인할 때면 놀라울 만큼 감격합니다. 첫 해에는 18명이 합격했습니다. 다음 해에는 22명, 3년차에는 26명, 4년차에 28명, 5년차에 다시 28명, 그리고 3년 연속으로 30명 전원이 IIT 입학시험에 합격했습니다. IIT에 합격하지 못한 학생들도 다른

* 수익을 목적으로 과외 및 입시학원 등의 사교육 산업을 조장하고 촉진시키려는 무리들을 빗대는 표현이다.

우수한 공과대학에 입학했습니다. 지난 12년 동안 308명이 IIT 입학시험에 합격한 것입니다. 그러자 다른 학원 조직들이 이번에는 저를 공격하는 대신 제 프로그램을 모방하는 수법을 사용하기 시작했습니다. 가야(Gaya), 날란다(Nalanda), 라자(Raja), 바자(Baja) 같은 지역에서 Super 30 이름을 도용하여 마치 분원인 것처럼 속였어요. 순진한 학생들에게 학비를 받고 정부나 다른 기관으로부터 기부 명목으로 원조를 받으려는 목적이었습니다. 때로는 저희에게 피해가 되기도 했지만, 대부분의 경우 가짜는 들통날 수밖에 없었습니다.

제가 어디를 가든 자주 받는 또 다른 질문은 Super 30의 성공 비결입니다. 글쎄요. 마법 같은 비결은 없고, 저도 남들과 다를 게 없는 사람입니다. 아주 평범한 선생이에요. 물론 성공이 쉬운 일은 아닙니다. 무엇보다 저소득층 학생들을 가르치면서 자존감을 높이는 것이 가장 중요하다는 것을 배웠습니다. 오랜 기간 결핍 속에서 가난하게 살아왔기에 부유층 출신의 이웃 아이들만큼 재능이 있어도 열망이 없습니다.

정말 쉽지 않은 과정입니다. 학생들 각각이 출신도 다르고 가난으로 인한 열등감을 품고 시작하기에 어려울 수밖에 없는 거지요. 그래서 첫 단계는 꿈을 잃어버린 학생들이 절망의 늪에서 빠져 나와 자신의 잠재능력을 믿게 하는 것입니다. 일단 정신적으로 IIT 입학시험(JEE)을 목표로 공부할 준비가 되면 반 이상 성공한 것이죠. 자신감이 생기면 집중하게 되니까요. 또한 학생들 모두 부유층 출신만큼 잘할 수 있다고 느끼기 시작하면 자신감을 갖게 됩니다.

볼루(Bholu)와 리키(Ricky)라는 가상 인물로 설명 드리겠습니다. 리키의 가족은 부유하지만 볼루는 가난한 집안 출신입니다. 리키는 명품 옷을 입지만 볼루는 평범한 꾸르따와 빠자마*만 입을 뿐이구요. 리키가 피자와 햄버거를 먹을 때 볼루가 먹는 건 옥수수와 짜빠띠** 같은 간단한 인도 음식입니다. 리키가 오토바이를 타는 반면, 볼루는 낡은 자전거를 타지요. 영어를 유창하게 하는 리키와 달리 볼루는 현지어를 씁니다. 지금까지 특권층과 그렇지 않은 사람들의 대조적인 생활방식을 설명했습니다. 그러나 이런 생활방식이 두 사람이 이루어내는 성과에는 별 차이가 없습니다. 수학 문제를 풀 때 리키는 선생님께 배운 단 하나의 해답을 제시합니다. 교과서에서 배운 대로 정확하고 빠르

---

* 꾸르따와 파자마 : kurta & pajama, 인도 전통식 상하의

** 짜빠띠 : chapati, 밀가루 반죽으로 둥글고 얇게 만들어 구운 음식

게 풀이를 하지요. 그러나 볼루는 문제를 두고 씨름합니다. 새로운 방법을 연구하고 다양한 방법으로 문제를 해결합니다.

이 예시에서 두 가지 배울 점이 있습니다. 어떤 분야든 다양하고 다른 계층이 있을 수 있지만, 어디 출신인가 하는 점은 별로 상관없다는 것입니다. 볼루는 저희 학생들 대부분의 롤모델입니다. 성공하여 인생의 흐름을 원하는 방향으로 만들 수 있으니 절대 포기하지 말라고 가르쳐 줍니다. 학생들은 오래 걸리지 않아서 열심히 하는 것이 가장 큰 힘이라는 사실을 깨닫게 되지요. 시험장에서 아주 어려운 시험 문제도 자신감을 가지고 풀게 됩니다.

이제 저는 모든 저소득층 학생들이 교육받는 모습을 보고 싶습니다. 제 꿈입니다. 우리 학생들이 MIT에서 공부하는 모습을 보고 싶습니다. 이것도 저의 큰 꿈입니다. 우리 학생들 중 몇몇은 미국의 우수한 대학에 유학하여 이곳에서 일하고 있습니다. 하지만 지금까지 MIT에 입학한 이는 없습니다. 제 꿈이 이뤄질지 어떨지 모르겠습니다. 그러나 목표를 향해 열심히 노력해야 한다는 것을 압니다. 저는 지금도 제 학생들이 언젠가는 이곳에서 공부하게 될 것을 믿고 바라며 양철 지붕 아래 임시 학교에서 가르치고 있습니다. 제자 중에서 노벨상, 필즈상 수상자가 나오는 걸 보고 싶습니다.

저는 여기에 무언가 요청할 것이 있어 온 것이 아닙니다. 아시다시피 저는 기부금을 받지 않습니다. 그저 기술이 큰돈을 벌기 위한 도구로 남게 해서는 안 된다는 말을, 이곳에 오신 기술 전문가들께 호소하기 위해 멀리서 왔습니다. 기술은 문맹 퇴치에 필수적인 무기가 되어야 하며, 아무리 가난한 사람도 양질의 교육을 받을 수 있어야 합니다. 오늘날 기술은 막대한 수익을 올리고 사람이 하는 일을 대신하는 도구가 되었습니다. 그러나 이제는 전 세계 사람들에게 영향을 미치는 가난과 싸우기 위해 기술이 어떻게 사용될 수 있을지 생각할 때가 왔습니다. 실험실을 나와 전기나 깨끗한 물 없이 살아가는 나라와 마을의 어려움을 피부로 느껴야 할 때가 왔습니다. 그렇게 함으로써 기술에도 세상을 좀 더 나은 곳으로 만들 수 있는 인간적인 면모가 더해질 것입니다.

오늘날 세상은 기술에서 인간성과 존엄성을 회복하기를 원합니다. 그러기 위해서는 모든 분야가 협력해야만 합니다. 아름다운 세상이 우리 모두에게 필요합니다. 아름다운 세상이란 가난과 문맹을 이겨낸 진정한 이해와 공감의 세상입니다."

아난드 꾸마르가 발표를 마쳤다. 눈물을 글썽이면서도 환한 미소를 띠며 무대 위에 서 있었다. 두 손을 들어 절하며 부끄러워했지만 우레와 같은 박수 소리가 그칠 줄 몰랐다. 기립 박수를 보내는 관중들도 눈물을 글썽이고 있었다. 그들은 굳건하고 정직하면서도 당찬 포부를 보았다. 운명에 맞서 싸운 이의 그 무엇도 원하지 않는 헌신을 본 것이다. 너무나도 짜릿한 순간이었다.

아난드는 감격에 겨워 고개를 떨군 채 무대에서 내려왔다. 주변을 둘러보면서 사람들이 자신을 향해 기립 박수를 치며 우는 모습에 놀라웠다. 모두들 아난드와 사진을 찍고 대화하고 싶어 다가왔다. 그는 최선을 다해 대답하고 함께 하려고 노력했다.

MIT를 나와 숙소로 돌아오는 차 안에서, 아난드는 뒷좌석에 앉은 채로 푸른 하늘 아래 스쳐가는 가로수와 줄지어 달리는 자동차 풍경 속에서 무한한 기회를 보았다. 고개를 돌려 옆에 앉은 동생에게 미소를 지어 보였다. 쁘라나브가 말했다.

"형, 우리 정말 멀리 이만큼 해온 거야. 오늘 아버지도 자랑스러워 하셨을 거야."

"맞아. 아버지는 언제나 나에게서 나도 느끼지 못하는 가능성을 보셨어. 지금도 아버지와 서로 발을 만지려고* 장난하던 게 기억나. 농담처럼 말씀하셨지, 내가 어른이 되었을 때 아버지가 이미 안 계실 수도 있으니까 미리 존경을 표하는 거라고."

아난드가 눈물을 참아 보려 머리를 저으며 대답했다. 동생은 형의 어깨를 감싸며 북받치는 감정을 감출 수 없었다.

"아버지가 저 위 어디선가 우리를 지켜보고 계셔. 아버지의 축복으로 오늘 이곳에서 발표할 수 있었던 거지."

아난드는 씁쓸하게 미소 지으며, 끝없이 이어지는 좌절로 세상이 깨져 버리는 듯했던 과거를 떠올렸다. 그때도 운명을 순순히 받아들이지 않았고, 오늘까지도 계속 꿈꾸고 있었다.

"그래, 네 말이 맞아. Super 30은 시작일 뿐이고 아버지가 처음부터 꿈꾸던 걸 이루었다고 느낄 때까지 성장할 거야. 더 많은 학생들을 도와서 더 큰 Super 30 효과를 만들어 내고 싶어."

* 누군가의 발에 손을 대는 것은 경의를 표하는 뜻이다.

어떤 사람들에게는 주변 환경이 걸림돌이 되지 않는다. 아난드 꾸마르가 그랬다. 오스카 와일드가 말했듯이 우리는 모두 시궁창에 있지만 그중 누군가는 별을 바라보고 있다.

"너에게 가장 편한 학과를 선택해라.
그리고 반드시 뛰어난 성적을 내어라."

2

수학의 전설

보편화된 가난, 그리고 상실

아난드의 아버지 라젠드라 쁘라사드(Rajendra Prasad)는 빠트나 외곽, 작은 미따뿌르 구의 빈민가에서 아내 자얀띠 데비(Jayanti Devi)와 부모님 그리고 몸이 불편한 동생 미나(Meena)와 함께 살았다. 철도 우편국에서 편지를 분류하는 일로 간신히 가족을 부양했는데, 끼니를 거르는 일도 잦았지만 모두가 가난한 빠트나 기준으로도 최저 생활을 할 수밖에 없었다. 한 평 남짓한 방 두 개와 부엌, 베란다뿐인 집에서 라젠드라와 자얀띠 부부, 그리고 미나와 부모님이 반반씩 나누어 생활했다. 어쩔 수 없이 부모님이 라젠드라와 한방을 써야 할 때도 있었다.

1973년 당시 인도 전역의 54%가 빈곤층일 때 비하르 지역은 7천5백만 인구의 70%가 빈곤 계층이었다. 쁘라사드 가족은 그 70%에 속했다. 인도의 GDP 성장이 매해

1% 미만이던 시절이었고, 그나마 비하르는 성장에 기여하는 바가 없었다.

가난은 압박감과 같다. 부유층은 빈곤층 사람들이 열악한 환경에서 하루하루를 어찌 살아가는지 상상할 수도 없다. 그러나 가난한 사람들에게도 기쁨이 있으니, 어두운 절망의 늪에서 헤쳐 나올 힘을 주는 한 줄기 빛 같은 소식이 때맞춰 쁘라사드 가족에게 찾아왔다.

1973년 1월 1일 추운 겨울밤 라젠드라 쁘라사드가 꼴카타에 가고 없는 사이 그의 아내 자얀띠가 가우디야 멑(Gaudiya Math)에서 식은땀을 흘리며 극심한 산통을 겪고 있었다. 곧 양수가 터지고 여자들이 그녀를 방으로 옮겨 해산을 준비했다. 시어머니 샨띠 데비(Shanti Devi)가 자얀띠를 안심시켰지만 그녀 역시 두려움을 떨칠 수 없었다.

5년 전 라젠드라 쁘라사드의 막내 동생 나렌드라(Narendra)를 암으로 잃은 뒤로 가족 모두 침울한 상황이었다. 당시 그의 나이 겨우 18살이었다. 어려서부터 아주 영리해서 의사가 되기를 꿈꾸었고 가족의 기대를 한몸에 받았다. 하지만 가혹한 운명 앞에 가족의 슬픔은 너무나도 컸다. 의사가 되어 가족을 가난으로부터 구하고자 했던 그였지만 오히려 그의 병을 고치기 위해 마지막 동전 한 푼까지도 써버릴 수밖에 없었다. 어떻게든 나렌드라를 살려 보려고 뭄바이의 타타(Tata) 암센터에서 1년을 버텼지만 결과는 암의 승리, 그의 죽음이었다.

막내를 잃어 온 가족이 힘들었지만, 특히 어머니 샨띠 데비에게는 견딜 수 없는 충격이었다. 그녀는 상실로 인해 절망에 빠지고 말았다. 시간이 흘러도 회한과 슬픔은 사라지지 않았다. 어머니의 우울증이 심해질까 걱정되어 가족들은 샨띠를 델리에 있는 친척집으로 잠깐 보냈다. 새로운 환경이 도움이 될까 싶어서였다. 사실 그 당시 라젠드라와 자얀띠 부부도 6개월 된 첫 딸을 갑작스레 잃은 상황이어서 온 집안에 불안함이 가득한 상태였다. 델리의 친척도 편안한 생활을 하는 것은 아니었지만 샨띠를 기꺼이 따뜻하게 맞아 주었다.

델리에서 샨띠는 평안을 얻기 위해 절박한 심정으로 다나왈라 바바*를 찾아갔다. 바바는 찾아온 이들의 아픔을 듣고 치유할 수 있도록 쌀, 콩 등을 나눠 준다. 샨띠는 바바에게 막내아들과 손녀의 갑작스런 죽음에 대해 이야기하였다. 바바가 곡물을 건네주면서 말했다.

"왜 그렇게 몸부림치며 울고 있습니까? 당신 아들은 이

---

* 바바 : Baba, 힌두승려를 칭하는 용어 중 하나

미 집으로 가는 중이오. 당신도 어서 집으로 돌아가시오."

샨띠는 크게 놀랐지만 동시에 믿음을 갖게 되었다. 그날 밤 기차를 타고 빠트나로 돌아온 샨띠는 며느리가 다시 임신한 것을 알게 되었다. 그녀가 며느리를 와락 안으며 말했다.

"걱정하지 말자. 불운이 우리를 비켜갈 거야."

자얀띠 데비는 불과 몇 달 전에 아이를 잃었기에 몸과 마음이 모두 허약한 상태였다. 가족을 더 깊은 절망으로 몰아넣은 것은 사실 두 번째 비극이었다. 그럴수록 샨띠는 가족들에게 희망을 주려고 최선을 다해 며느리를 보살폈다.

상실의 그림자를 거둔 아이

　　　　　　　아난드의 아버지 쁘라사드 가족이 사는 집은 기차선로에서 불과 5미터도 안 되는 곳에 떨어져 있어 기차가 지날 때마다 온 집이 흔들리고 심지어 땅바닥까지 움직였다. 1월 1일 여자들이 방에 모여 분만을 돕고 있을 때 가족들은 불안과 싸우며 좋은 소식을 위해 열렬히 기도했다.

　드디어 할머니가 갓 태어난 손자를 두 손에 안아 든 순간, 몇 해 만에 그녀의 얼굴에도 웃음이 피어났다.

　"우리 아기가 다시 돌아왔어."

　그녀는 기도문처럼 계속해서 되뇌었다. 아기가 태어날 때까지 바깥에서 서성이던 아난드의 할아버지 깜따 쁘라사드(Kamta Prasad)와 베란다에서 기다리던 삼촌이 집 안에서 들리는 웃음 소리에 급히 안으로 뛰어들어왔다. 그야말로 기적 같은 일이었다. 더 이상 가족들 인생에 행운이라

고는 없을 거라고 절망 속에서 몇 해를 보냈기에 기쁨이
더 컸다.

할머니가 갓난아기를 낡은 담요에 싸서 할아버지와 삼
촌에게 보여 주었다. 미나는 정말 기뻤지만 한 편으로 형
이 그 순간 함께하지 못한다는 사실에 마음 한 쪽이 아팠
다. 그럼에도 어머니가 다시 웃는 모습을 보는 것이 너무
좋았다. 그동안 귀신이라도 나올 듯 그림자가 드리웠던 집
이 갑자기 행복과 희망으로 반짝거리는 듯했다. 가족 모두
부둥켜안으며 기쁨의 눈물을 흘렸다. 이웃 사람들도 웃음
소리를 듣고 하나둘씩 모여 쁘라사드 집에 건강한 사내아
이가 태어났음을 축하하고 축복했다.

이틀 뒤 미처 소식을 듣지 못한 아버지가 기차에서 내
렸다. 임신한 아내가 얼마나 불안해할지 알기에 서둘러 집
으로 향했다. 가는 도중 라메쉬 샤르마(Ramesh Sharma)의
장난스러우면서도 진심어린 축하에 아버지의 심장이 쿵쾅
거리기 시작했다. 연락 수단이 마땅치 않던 시절이어서 아
무 연락도 받지 못한 상황이었다. 집이 가까워지자 날아갈
듯 걸음을 재촉했고 몇 미터를 남겨두고는 마구 뛰어갔다.
미나가 그를 덥석 안으면서 외쳤다.

"형, 아들이야!"

아버지는 털썩 무릎을 끓고 하늘을 우러러 두 손을 모아 기도했다. 눈앞에 어머니와 아내가 있었다.

기쁨의 눈물을 흘리며 아난드의 할머니가 노래했다.

"우리 집에 기쁨*이 찾아왔어! 이젠 모든 게 좋아질 거야."

---

* 아난드 : '기쁨'이라는 뜻

남다른 실험 정신

아난드는 가우디야 멑에서 자랐다. 빠트나로 이어지는 대로와 비하르에서 가장 붐비는 델리-하우라 철도가 지나는 지역이었다. 화물열차는 물론 인도 중심부와 동부 지역을 오가는 철도편으로 늘 분주한 곳이었다.

아난드는 그 이름처럼, 가족들이 빈곤한 생활을 잊을 만큼 행복을 전해주는 존재였다. 그의 할아버지 깜따는 사원에 가거나 친구들을 만날 때면 늘 어린 손자를 목마 태워 데리고 다녔다. 비가 오거나 햇볕이 뜨거운 날이면 자신의 룽기*를 벗어 손자의 얼굴을 감싸고 당신은 체크무늬 바지만 입은 채로 집으로 돌아오고는 했다.

할아버지는 취미로 타블라**를 연주했는데, 아난드는 항

---

* 룽기 : lungi, 남성들이 바지 대신 치마처럼 두르는 긴 천으로 된 하의

** 따블라 : tabla, 인도의 타악기. 바야와 함께 한 쌍을 이루어 세워서 두드리는 작은 북

상 옆에서 장난감을 두드리거나 허공에 대고 드럼을 연주하는 척하며 할아버지를 따라했다. 하지만 불행히도 할아버지는 아난드가 세 살 되던 해에 돌아가셔서 손자는 할아버지의 지혜를 물려받지도 그의 사랑을 오랫동안 받지도 못했다. 대신 다른 가족들이 할아버지 몫까지 아난드에게 정성을 쏟았다.

아난드가 태어나고 2년 뒤, 그의 가장 친한 친구가 된 남동생 쁘라나브가 태어나 가족이 다시 늘어났다. 어린 시절 두 아이의 놀이터는 2평 남짓한 거실이 전부였지만 곧이어 작은아버지 아들 옴 꾸마르(Om Kumar)까지 태어나 삼총사가 완성되었다. 물론 가우디야 멀의 모든 아이들이 삼총사의 친구들이었다.

아난드는 호기심 많은 장난꾸러기였다. 매일매일 잡동사니를 이용해서 뭔가를 만들어 어머니를 당황하게 했다. 그는 항상 모든 것들이 어떻게 돌아가는지 알고 싶어 했는데, 예를 들면 자동차는 왜 도로 위로는 달리면서 물 위는 달리지 못하는지, 손전등이나 라디오는 왜 배터리가 필요한지 궁금했다. 다른 친구들이 단순히 가지고 노는 장난감도 분해해서 어떤 식으로 작동하는지 알고 싶어 했다.

처음 우연히 자석을 발견한 날 아난드는 완전히 자석에

빠져버렸다. 어떻게 특정한 쇳조각이 자성을 띠는지, 왜 쇠붙이가 아니면 자석에 붙지 않는지 알고 싶어 많은 친구들에게 물었지만 다들 이런저런 다양한 답을 할 뿐이었다. 그 중 한 어른이 쇳조각에 전기 충격을 주면 자석이 만들어지는 거라고 가르쳐 주어 아난드는 직접 만들어 보려고 했다. 그러나 집 주변에 느슨하게 늘어진 전선을 이용해 실험하다가 그만 누전 사고가 일어나고 말았다. 쾅 하는 소리와 함께 정전이 되자 아난드는 어른들에게 야단맞을까 두려워 숨었다가 집주인이 퓨즈를 갈고 다시 등이 켜지는 걸 확인하고서 집으로 돌아왔다.

또 다른 친구는 쇠붙이를 철로 위에 올려서 그 위로 기차가 지나가면 압력으로 쇠가 자석이 될 거라고 했다. 흥분한 아난드가 곧장 실행에 옮겼는데, 어디에선가 쇳조각을 구해다가 집 뒤에 있는 철로에 친구들과 모여 모두가 지켜보는 가운데 쇳조각을 선로 위에 올리고 기차가 지나가기를 기다렸다. 곧 기차가 지나갔고, 드디어 자석이 만들어진 것인지 실험해 봤지만 실망스러운 결과였다. 나중에 학교에서 자석을 만들기 위해서는 압력이나 전기가 아니라 자기장이 필요하다는 것을 깨달았다. 하지만 결과와 상관없이 그 실험은 그의 어린 시절에서 중요한 사건 사고였다.

이웃 사람들 사이에서도 아난드의 도전적인 개구쟁이 기질은 유명했다. 가족들과 이웃들은 아난드가 남다른 방식으로 난제를 해결하기 좋아하는 것에 점점 익숙해졌다. 열 살이나 열한 살쯤 되었을 때 아난드는 상상의 라디오를 만들고 놀았다. 상상이지만 그 놀이를 위해서 아주 높은 안테나가 필요했고, 아난드는 자꾸만 높은 곳에 올라가려고 했다. 물론 항상 성공적이지는 않아서 때때로 엄청난 엉덩방아 찧는 소리와 함께 놀이가 끝나는 일도 많았다. 이웃에서는 아이의 비명 소리가 들릴 때면 으레 아난드이겠거니 여기기도 했다.

결국 시간이 흐르고 자연스럽게 아난드의 상상 속 라디오는 실제 라디오로 발전했다. 동네에서 고장난 라디오를 보면 집으로 가져와 수리했는데, 처음부터 능숙하진 않았지만 드디어 혼자 힘으로 라디오를 고쳐낸 날이 왔다. 물론 금방 다시 고장나기는 했지만 어린 아난드에게 이 일은 역사적인 순간이었다. 끈기를 가지고 도전하면 어려움을 이기고 이루어 낼 수 있다는 교훈을 얻는 계기가 되었다.

음악은 아난드 가족의 전통으로 이어져 내려오는 중요한 부분이었다. 할아버지처럼 따블라를 연주했던 아난드는 고작 열한 살 때 빠트나에서 유명한 라빈드라 바반

(Rabindra Bhavan) 예술 극장의 따블라 경연대회에서 1등을 한 적도 있다. 작은 아버지는 하모늄*을 연주했고, 그는 아난드의 연주가 얼마나 훌륭하고 매혹적이었는지 애틋하게 기억한다.

아버지는 아난드를 꼭 좋은 학교에 보내고 싶었다. 교육만이 가난의 굴레에서 벗어날 수 있는 유일한 방법이라고 믿었기에 어린 아난드에게도 항상 이 점을 강조했다. 그래서 아난드는 네 살 때 빠트나의 성 요셉 수녀원 학교에 입학했다.

아난드는 어렸지만 똑똑하고 인지 능력이 뛰어났기에 자신과 부잣집 학생들이 극명하게 차이가 난다는 것을 예리하게 관찰했다. 반듯하게 잘 차려입은 부자 학생들을 볼 때마다 돈이 없어서 길거리 음식조차 사먹지 못하는 낡은 옷차림의 가우디야 멀 아이들과의 추억이 떠올라 괴로웠다. 그렇지만 그 생활도 오래가지 않았다. 학비가 너무 비싸 4학년 때 성 하비에르 공립학교로 전학하였다. 아난드는 그때 처음 돈이 특권이라는 사실과 빈곤이 기회를 빼앗을 수도 있다는 것을 깨달았다. 슬프게도 이런 일은 성장하는 내내 계속되었다.

* 하모늄 : harmonium, 펌프 오르간

대를 이어온 철학,
교육만이 삶을 바꾼다

아침 일찍 아버지가 짜이*를 끓이며 아난드를 깨웠다. 노래까지 부르며 깨우기도 했다. 아들은 벌떡 일어나 아버지의 발을 만지며 하루를 시작했다. 때로는 경쟁하듯 되받아서 아버지가 그의 발을 만져 당황하게 만들었다.

"너는 커서 훌륭한 사람이 될 거야. 모든 사람들이 너의 발에 손을 대고 경의를 표하고 싶어 하겠지. 그때 내가 살아 있으란 보장이 없잖니."

아난드가 그럴 리 없다고 항의하듯 말하면 아버지는 웃음을 참았다.

이런 아버지와의 대화가 청년 아난드를 만들고 키우는 큰 힘이 되었다. 아버지는 비록 가난했지만 현명했고 항상 아들과 삶의 중요한 점들에 관해 이야기를 나눴다. 아난드

---

* 짜이 : chai, 홍차에 우유를 넣어 끓인 인도의 대중적인 차

의 정치관 및 세계관은 아버지의 경험과 지혜로 이루어졌다 해도 과언이 아니다.

아버지는 빠트나에서 약 30킬로미터 떨어진 데오다하(Deodaha)라는 마을에서 자라났다. 그곳은 거리적으로는 빠트나와 가까웠지만 천 킬로미터쯤 떨어진 곳이라고 해도 될 정도로 분위기가 달랐다.

아버지가 소년이던 1950대에는 대도시 빠트나에 비해 데오다하는 인구가 고작 2,000명 정도로 작았다. 할아버지는 약간의 토지를 가지고 있었다. 인도 어디나 그렇겠지만 비하르 지역에서 토지는 최고의 재산이었다. 그래서 큰 땅을 소유한 부자일수록 자기 땅에서 일하는 사람들을 업신여겼다. 의사였던 할아버지는 작지만 땅을 갖고 있었음에도 부유한 편이 아니었다. 할아버지는 인도 전통 의술로 지역 주민들을 치료했는데, 가난한 이들이 대부분이어서 제대로 치료비를 내는 이가 드물었다. 그래서 할아버지의 아이들은 티셔츠 한 장 바지 한 벌로 1년을 버틸 수밖에 없었다.

할아버지가 의사였음에도 깨끗하지 않은 환경과 미비한 현대 의학 그리고 식량 부족으로 8명의 자식이 모두 성인으로 성장하지는 못했다. 그는 비하르 농촌 전체에 만연

한 가난과 빈곤에서 일어설 수 있는 유일한 길이 교육뿐이
란 것을 알고 있었기에 아들이 책과 친해지고 가능한 교육
을 모두 받을 수 있도록 노력했다. 수년 뒤 아버지가 아난
드에게 똑같이 할 것이었다. 사실 책을 읽고 공부하는 것
이 데오다하 어린이들에게는 말처럼 쉬운 일이 절대 아니
었다. 가장 가까운 학교가 8킬로미터 떨어진 곳에 있어서
매일 그 거리를 왕복해야만 했기 때문이다.

 아난드의 작은아버지는 어려서부터 다리를 절었다. 먼
길을 걸을 수 없어서 학교에 다니지 못하는 동생이 안타
까웠던 아버지가 매일 동생을 업고 학교에 다녔다. 아무리
덥고 습한 날이어도, 몇 번씩 가다가 쉬어야 했음에도 하
루도 빠지지 않고 동생을 업고 등교했다.

 우수한 학생이었던 아버지는 10학년을 우등생으로 졸
업하고 1961년 대학 공부를 위해 가우디야 멑으로 이사했
다. 그리하여 가족 중에서 처음으로 대학을 졸업한 사람이
되었다. 1966년에는 어머니 자얀띠와 결혼하고, 동생과
함께 방이 두 개인 작은 집을 구해 살기 시작했다. 아난드
꾸마르가 태어난 바로 그 집에서.

든든한 지지자, 아버지

이웃들이 일상적인 시간을 보내던 어느 날 저녁 모두가 깜짝 놀랄 큰 폭발음이 들려왔다. 흰 섬광이 번쩍 하더니 사방이 깜깜해지고 플라스틱이 타는 지독한 냄새가 났다. 범인은 의심의 여지 없이 열한 살의 아난드 꾸마르였다.

"무슨 일이니?"

어머니가 아들을 노려보며 물었다. 장난이 일상이었지만 이번 일은 도가 넘은 수준이었다. 이웃들도 몹시 화가 난 것 같았다. 열한 살 소년은 어머니와 점점 몰려드는 사람들을 부끄러운 듯 쳐다보다 옆에 놓아 둔 모래 양동이로 남은 불을 마저 껐다. 어머니는 모래 양동이가 준비되어 있는 것을 본 순간 이 장난이 계획되었음을 알고 더욱 화가 났다.

"아버지 모셔 와라. 위험한 실험 장난은 안 된다고 꾸중

하실 거다."

아난드가 안 된다며 매달렸지만 어머니는 모르는 척했다.

귀가한 아버지가 그날의 사고 소식을 듣고 누군가 이야기하기 전에 물었다.

"정확히 무슨 일이었지? 아난드에게 직접 들어야겠어."

모두들 쥐구멍이라도 찾아 숨고 싶어 하는 아난드를 돌아보았다. 아난드가 아버지 얼굴에 깊어진 주름과 희끗해진 수염을 보며 말했다.

"아버지, 학교에서 화학 시간에 공식 한 가지를 배웠어요. 탄화칼슘과 물을 섞고 열을 가하면 많은 양의 에너지를 얻는다구요."

그러자 어머니가 끼어들며 말했다.

"에너지라니? 마치 작은 폭탄이 터지는 소리 같았는데!"

그러나 아버지는 엄격하기보다 호기심에 찬 얼굴로 탄화칼슘이 무엇인지 물었다. 대학 시절 배운 기억이 희미하게 났지만 정확히 어떤 물질인지는 떠오르지 않았기 때문이다.

"화학 물질이에요."

아난드가 설명을 시작했다.

"반응으로 생성된 에너지로 자동차 엔진을 가동할 수 있을지 궁금했어요. 그렇지만 실험 중 무언가 잘못된 게 분명해요."

아난드가 살짝 부끄러워하면서 대답했다. 아버지는 고개를 끄덕이며 이해했다는 듯 '실험이 실패했구나.'라고 되뇌었다. 어머니가 아들을 제대로 야단치지 않는 남편이 못마땅해서 남편에게 눈짓을 보냈다. 그제서야 눈치챈 아버지가 아들에게 손가락을 휘휘 휘저으면서 타일렀다.

"오, 오, 그래 그래, 다시는 그런 짓 하면 안 된다."

그러나 아난드 꾸마르는 알았다. 아버지가 진짜로 화가 난 것이 아니라 사실은 그의 실험에 상당히 기뻐하신다는 것을 말이다.

"사람만 다치게 하지 마라."

어머니가 자리를 뜨자 아버지는 농담까지 하면서 몸이 흔들릴 정도로 크게 웃었다. 아난드는 아버지가 '아들, 너에게 기대가 크다.'라고 얘기하던 것을 뚜렷이 기억한다.

"정말 과학자가 되고 싶다면, 공부를 잘해야 할 거야. 과학을 하려면 수학이 아주 중요하단다. 수학은 과학에도 필요하고, 핵심이라 할 수 있지.

이유는 모르겠다만 너는 커서 큰일을 해낼 거다."

아버지는 아난드의 얼굴을 쓰다듬으면서 덕담을 건 넸다.

학교를 쉬는 날이나 공부하지 않는 시간이면 아난드는 평범한 보통 아이들은 별로 관심을 보이지 않는 일에 집중했다. 대부분의 어린 친구들이 축구나 크리켓 같은 스포츠를 좋아했지만 아난드는 실험이나 만들기를 좋아했다. 라디오를 고치기도 했고 왁스로 화산이나 모형 자동차를 만드는 등 책에서 본 것은 무엇이든 실험했다. 그는 언제나 새로운 것을 시도하고 싶어 안달 나 있었다.

도구들이 늘 가까이 있었고, 이웃에서 일하는 기술자들이 아난드에게 오래된 전화기나 발전기 같은 고장 난 장치를 주었다. 확실히 그는 아무것도 아닌 것에서 무언가를 창조해 내는 일에 기쁨을 느꼈다. 친구들이 크리켓을 할 때 아난드는 아버지가 구해온 중고 과학 서적들을 읽고 공부했다. 반면에 그의 동생 쁘라나브는 일찌감치 학교에는 흥미를 잃고, 대신 음악에 재능을 보여 아버지처럼 바이올린 연주자가 되고 싶어 했다. 1970년대 말부터 1980년대 초 인도는 과학 기술이 꽃피기 시작하는 시기였기에, 아이들이 과학을 잘해 좋은 직업을 가지고 성공의 기회를 잡는 것이 많은 가정들의 희망이었다. 아난드가 이미 과학 분야에서 뛰어난 성적을 보이고 있었기에 동생에게는 음악을 하는 꿈이 허락되었다. 그렇게 동생 쁘라나브는 인도 음악계에서는 유명한 콘서트 바이올리니스트가 되어갔다. 운명이 그의 인생을 바꿔 놓기 전까지는.

아난드 꾸마르는 아버지가 얼마만큼 그의 가정과 이웃에 대대로 깊이 뿌리박힌 가난을 뼈저리게 느끼고 있는지 대화하면서 알 수 있었다. 고향인 비하르 지역이 기회 부족으로 어쩔 수 없이 계속 이대로 가난할 것이 두려웠다. 당시 인도의 자본은 산업화와 현대화 분야로 쏠리고 있었는데, 비하르는 발전 없이 제자리걸음이었다. 어떤 면에서는 오히려 뒷걸음질치고 있었다.

뉴스에서는 공교육이 무너지기 시작했고 카스트 계급 간의 마찰이 다시 일어나고 있다고 보도했다. 많은 비하르 사람들 또한 다른 주로 이사해서 다시 돌아오지 않는 것이 현실이었다.

아버지는 비하르 사람들이 매우 재능 있고 성실했지만 재능을 펼칠 기회가 주어지지 않았을 뿐이라고 확신했다. 어린 시절부터 홍수로 농부들이 망하는 상황을 보아왔다. 거의 매해 비가 너무 많이 오거나 가뭄이었고 적당하게 때맞춰 비가 내리는 경우는 극히 드물었다. 폭우가 올 때면 갠지스강이 여지없이 범람해 주변 지역을 황폐하게 만들었는데, 아버지가 살던 마을은 늘 피해를 입었다.

아버지는 이런 문제를 놓고 아난드와 자유롭게 토론을 했다. 아들이 십대로 성장하면서 아침 식사 시간에 정치 사회 문제들에 대해 토론했는데, 매일 아침 신문을 펼쳐 관심 있는 기사를 뽑아 열띤 논쟁을 벌이기도 했다. 아난드는 이렇게 말한다.

"저는 아버지의 눈을 통해서 다른 시각으로 세상을 바라볼 수 있었습니다. 지금도 아침마다 네다섯 가지 신문을 읽고 있어요. 모두 아버지 덕분입니다."

일찍부터 드러난
수학 천재의 자질

알버트 아인슈타인이 십대
중반에 수학적 재능을 보인 것과 달리 아난드는 10학년이
되기도 전에 수학 천재의 가능성을 보였다. 어머니는 아난
드가 수학에 아주 뛰어나다는 것을 눈치챘고, 높은 점수를
보고 확신하였다. 선생님들도 하나 같이 그가 수학에서 수
준이 아주 높은 것에 주목했다.

10학년을 마친 후에는 빠트나에 있는 비하르국립대학
교에 입학이 확정되었다. 동기들이 장래에 직장을 구하기
수월한 공학 분야를 전공으로 고르는데 반해 아난드는 수
학을 전공으로 선택했다.

"너에게 가장 편한 학과를 선택해라. 그리고 반드시 뛰
어난 성적을 내거라."

아버지의 충고였다.

이렇게 그는 빠트나에서 생활하는 동안 남들은 모르게

자신의 잠재 능력을 발견했다. 당연히 쉽지만은 않았다. 대학에서 공부하는 이론 수학은 혼자 힘으로 해내기는 어려웠다. 학업에 대한 그의 열정과 문제 해결 능력, 그리고 탐구적인 질문을 할 때의 끈기가 교수들에게 깊은 인상을 남겼다. 그들은 숫자를 가지고 놀 줄 아는 천재적인 학생을 알아보고 아끼기 시작했다.

빠트나 대학에서 아난드 꾸마르를 가르쳤던 데비 쁘라사드 버마(Devi Prasad Verma) 교수는 특히 일찍부터 그의 재능을 알아보았다. 그는 이렇게 회상했다.

"문제를 풀 때 아난드의 시도와 접근방식은 눈길을 끌었습니다. 아난드는 언제나 예의바른 태도로 질문했는데, 다양한 자료에서 찾아 준비해 왔어요. 논문과 학술지를 참고하면서 수학 분야에서 새로운 것을 탐구하려는 탐구심이 있었습니다. 이것은 어린 학생들 누구나 할 수 있는 일은 아니지요."

비하르공과대학(현재는 NIT* 빠트나)을 은퇴하고 지금은 빠트나에 살고 있는 모하메드 샤하부딘(Mohammed Shahabuddin) 교수도, 1980년대 말에서 1990년대 초까지

---

* 국립기술연구소(NIT-National Institute of Technology). 중앙정부 교육부 산하의 공공기술 연구소로, 인도 31개 도시에 위치하고 있다. 국회의 상원에서 정책을 결정하다 보니 IIT보다 교수진과 연구수준, 특정 연구 분야에 대한 성과가 좀 더 엄격하게 관리되는 측면이 있다.

정기적으로 문제를 들고 질문하러 집으로 찾아오던 젊은 학생을 기억하고 있었다. 그가 살던 풀와리 샤리프(Phulwari Sharif)는 교통편이 나쁘고 도로가 미로 같기로 악명 높은 지역이었음에도, 저녁 시간이면 그의 집 창문 밖에서 얼굴 가득 호기심 어린 미소와 기대감을 가지고 수줍게 서 있던 청년을 말이다.

"노크 소리가 들리면 문 앞에 아난드가 있다는 걸 알 수 있었어요. 사실 집까지 찾아온 게 놀라웠지요. 한번도 학생들에게 얘기한 적 없었으니까요. 그래서 처음에는 무시했습니다."

그렇지만 아난드는 거기서 멈추지 않았다. 다음 날 다시 문 앞에서 기다리고 있었다. 교수님의 이야기가 이어졌다.

"내가 문 밖으로 나가서 왜 왔는지 물었습니다. 내가 낸 문제들에 대해 몇 가지 질문을 하더군요. 나는 어떻게 풀면 되는지 간단히 답해 주고는 그를 돌려보냈습니다."

그것은 시작에 불과했다. 적어도 이틀에 한 번, 때로는 매일 그렇게 아주 오랫동안 그런 일이 반복되었다.

"집으로 찾아와서 우리는 문 앞에 선 채로 몇 시간 동안 문제를 푸는 방법에 대해 토론을 했습니다. 만족할 만한 답을 얻고 나면 그는 자전거를 타거나 걸어서 돌아갔어요.

그러던 어느 날 수학에 대한 그의 갈망과 열정에 감동해서 그를 집 안으로 초대했지요. 그 후로 아난드는 가족 같은 존재가 되었습니다."

샤하부딘 교수는 아주 자랑스럽게 추억을 이야기하면서, 사실 그때는 그 청년이 이렇게 엄청난 일을 할 거라고는 상상하지 못했다고 인정했다. 그래도 확신했던 한 가지는 그의 제자가 진정한 수학도라는 사실이었다.

“생김새나 신분 차이와 상관없이
사람은 모두 평등하다.”

3
돌이킬 수 없는 상실

Super 30의
씨앗을 심다

1991년 어느 더운 날 아난드는 생각에 잠긴 채 중고 에이본 자전거를 타고 비하르국립대학교에서 찬드뿌르 벨라로 돌아오는 중이었다. 교통체증으로 복잡한 거리는 페달을 밟을 때마다 흙먼지가 일었다. 빠트나에서의 생활은 아난드가 처한 상황에 대해 느끼기에 충분한 시간이었다. 사립학교 버스 뒷자리에 앉아 있는, 걱정이라고는 그날의 숙제뿐인 부유한 학생들의 해맑은 얼굴을 볼 때마다 그는 점점 슬픔에 빠져 들었다.

그의 아버지가 1988년 찬드뿌르 벨라에 방 두 개짜리 집을 지을 때 인근에 공립학교가 한 곳뿐이었다. 그 지역의 유일한 학교는 조명도 부족하고 공간도 좁았지만 학생들로 꽉 찼다. 그나마 수업할 칠판은 있었지만 책상과 의자가 턱없이 부족했고 분필이 떨어지는 일도 부지기수였다. 운동장도 없어서 아이들은 건물 앞 도로에서 놀거나 아니면 그저 상상 속에서 게임을 해야 했다. 선생님들은 낮은 임금을 받는 힘든 상황에서도 희망을 심어 주려 애썼다.

단 한 곳뿐인 고등학교는 2~3킬로미터 떨어진 곳에, 지역 사회 밖에 위치했었다. 찬드뿌르 벨라에서 고등학교에 진학한 학생들은 대부분 졸업할 때까지 학교에 다니지 못했는데, 당시에 아난드만이 마을에서 유일하게 빠트나의 비하르국립대학교에 다니고 있었다. 이웃 사람들에게 교육은 우선순위로 여겨지지 않았고 아무도 배움이 인생에서 가치가 있다고 믿지 않았다.

이 모든 것이 아난드를 불편하게 했다. 먹고사는 일과 그가 속한 지역 사회에 퍼져 있는 기회 부족, 이 두 가지 문제가 계속 그를 괴롭혔다. 대학에 다니고 있는 그에게는 사실 그가 처한 환경을 더 나은 방향으로 개선할 가능성이 있었다. 그는 같은 마을 아이들도 제대로 교육만 받을 수 있다면 가난의 굴레에서 벗어날 수 있을 거라고 진심으로 믿었다. 집에 가까워질 때쯤 아이디어가 떠오르기 시작했다.

아난드는 수학에 능했다. 자연스럽게 이해되었다. 다른 사람들에게 알기 쉽게 설명하는 재능도 있어서 빠트나 대학의 많은 학생들이 어려운 수학 문제가 있을 때면 아난드에게 도움을 청하기도 했다. 그래서 아난드는 경제 상황과 현실을 심사숙고한 후에 과외비를 받고 수학을 가르치기로 결정하였다. 학생들이 모여서 고등학교 졸업이나 대학 입학을 위해 수학을 배울 수 있는 수학 동호회 같은 모임을 만들고 싶었다.

사실 이 아이디어는 아난드만의 생각은 아니었다. 빠트나 전 지역에 크고 작은 입시학원들이 수도 없이 운영되고 있었던 것이다. 그러나 문제는 바로 근처의 빈민가였다. 어떤 선생님도 가난한 학생들을 가르치려고 하지 않았다.

상황은 비하르에서도 마찬가지였다. 아난드가 종종 가던 이웃 마을 다나푸르(Danapur)에는 라비 꾸마르(Ravi Kumar)와 아르빈드 꾸마르(Arvind Kumar) 쌍둥이 형제 가족이 있었는데, 두 형제는 학교에 가는 날이 거의 없었다. 쌍둥이의 아버지 샴부 라이(Shambhu Rai)가 하루 먹을 빵과 비를 피할 지붕만 있으면 되지 공부는 부담만 더할 뿐이라고 생각했기 때문이다. 샴부 라이와 그의 아내 모두 학교 교육을 받은 적이 없어서 평생 글을 모른 채 살고 있었다. 가족은 소를 키워서 집집마다 찾아다니며 우유를 팔아 생활했는데, 두 아들도 그저 이 일은 물려받으면 된다 생각했고 학교 공부는 시간 낭비라고 여겼다.

샴부 라이는 하루 살기도 바쁜 상황에 아이들에게 공부하라고 격려할 필요를 느끼지 못했다고 아난드에게 이야기한 적도 있었다. 사실 자전거 양 옆에 무거운 알루미늄 우유통을 매달고 하루 종일 마을을 돌아다니는 샴부였다. 쌍둥이 형제 라비와 아르빈드는 매일매일 그저 밖에서 놀거나 소 돌보는 일을 돕다가 적당한 때에 아버지의 자전거를 물려받아 우유 장사 일을 할 게 뻔했다. 자식 세대의 운명이 이렇게 굳어지고, 적절한 교육을 통해 더 나은 생활로 나아갈 기회는 또 다시 멀어질 뿐이었다.

어느 날 아난드가 가족과 함께 여느 날처럼 처트니*를 바른 칠라**로 아침 식사를 하면서 아버지에게 말했다.

"우리 마을이나 가까운 마을에 선생님이 없으니 우리 집 뒷마당에서 아이들을 모아 가르치면 어떨까요?"

---

* 처트니 : chutney, 이탈리아 식 '페스토', 한국식 '양념장'과 같은 소스다. 고수 잎 또는 고수 잎과 민트잎을 기호에 맞게 넣고 양파, 구운 렌틸콩, 생강 등을 함께 갈아 되직하게 만드는 양념소스인데, 고수, 민트, 코코넛 과육, 토마토 과육 등 다양한 재료에 따라 코코넛 처트니, 토마토 처트니, 그린 처트니로 나뉜다. 주(main)가 되는 음식과 함께 찍어 먹는다.

** 칠라 : chila, 우리나라의 '전'과 같은 음식이다. 반죽을 밀대로 밀어서 만드는 빵 종류가 있고, 같은 모양이라 하더라도 가루에 물을 섞어 되직하거나 묽은 반죽(Batter)으로 만드는 경우 이름을 달리 부른다. 칠라는 병아리콩 가루에 다진 양파, 다진 토마토, 고수 잎 다진 것 등을 넣어 섞은 후 팬에 기름을 두르고 반죽을 부어 익혀 만든다. 밀대로 밀어 만드는 테플라, 뿌리, 빠라타보다는 부드럽고 폭신한 식감이 특징이다.

아버지가 적극적으로 지지하였고 그날부터 어떤 종류의 학교를 세울지 이야기하기 시작했다.

뒷마당에서 시작한
수학교실

학교와 집을 자전거로 통학
하면서 아난드의 머릿속은 학교를 만드는 생각으로 가득
했다. 우선 그의 집은 너무 비좁아 일단 장소를 마련해야
했다. 그렇지만 도대체 어디서 임대료를 구하는가가 관건
이었다. 돈을 낼 형편이 되는 학생은 거의 없을 게 확실했
기 때문이다. 특히 시작할 때는 더욱.

일단은 배우고자 하는 아이들을 모으는 일이 첫 단계였
다. 멀리서 찾을 필요도 없었다. 아난드의 두 동생 친구들
인 마니쉬 쁘라땁 싱(Manish Pratap Singh)과 라즈니쉬 꾸마
르(Rajnish Kumar)는 배우고 성장하고픈 열망이 있었다. 말
단 사무직 아버지 밑에서 어려서부터 가난이 무엇인지 느
끼며 컸기에 누구보다 열심히 할 준비가 되어 있었다. 이
두 학생과 수업할 장소를 찾기 시작했다. 장소를 물색한
끝에 이웃인 람 나라인 싱(Ram Narain Singh)을 설득해 그가

소유한 장소 한 곳을 사용하도록 허락받았다. 다행히 수입이 생기면 임대료를 내도 된다는 허락도 받았다. 아난드는 깊이 감명받으며 자신이 바른 길을 가고 있다고 확신할 수 있었다.

1992년 8월 10일 아난드는 두 명의 학생과 수업을 시작했다. 수업은 수학과 토론에 집중했고 일주일에 사흘 내지는 닷새 동안 매일 두세 시간씩 진행되었다. 나중에는 빠트나 대학에서 그를 가르쳤던 교수들도 찾아왔다.

두 학생은 놀라울 정도로 배움에 열정적이었다. 매번 또래임을 잊을 정도로 마니쉬와 라즈니쉬는 아난드에게 깍듯했다. 배울 수 있는 기회가 생긴 것에 감사했고, 마치 스펀지처럼 수업내용을 받아들이며 열심히 공부했다. 결과적으로 둘은 다음해 봄, 12학년 수학 평가 시험에서 좋은 성적을 얻었다. 곧바로 아난드는 둘을 위한 IIT 입학시험 준비에 돌입했다. 무언가 큰일이 벌어지고 있음을 직감할 수 있었다.

이 작은 수학교실에 대한 소문이 금세 지역 사회에 퍼져 나갔다. 머지않아 여러 수학 선생님들과 학생들이 아난드에게 질문하고 그와 토론하기 위해 찾아왔다. 그의 자그마한 교실은 곧 많은 사람들이 수학에 대해 이야기할 수 있는 만남의 장소가 되었다.

마니쉬 쁘라땁 싱은 대학에서 수학을 전공하고 공과대학 입학시험을 치렀지만 불합격한 후에 인도 유니온은행에 입사했다. 지금은 란치(Ranchi), 자르칸드(Jharkhand)의 유니온은행 지점장으로 일하고 있다. 아난드의 학교에서 공부한 후 그의 인생이 바뀌고 행복해진 것은 의심할 여지가 없다.

그 조그만 방에서 수학을 배우고 공부하던 기억은 이제 마니쉬에게 좋은 추억이다. 고작 학생 두 명으로 시작한 보잘것없는 학교였지만 아난드는 늘 국제적인 수준으로 나아갈 미래를 꿈꾸며 이야기했다. 당시 마니쉬는 꿈이 실제로 현실이 되리라고 믿지 않았다. 아난드의 동생 쁘라나브를 알고 지낸 덕분에 영광스런 첫 학생이 될 수 있었고 학교 시작의 역사를 경험할 수 있었음에 감사했다.

다른 한 명 라즈니쉬 꾸마르는 그때 열아홉 살이었다. 그가 알기로 당시의 아난드는 찬드뿌르 벨라에서 부모님과 방이 두 개뿐인 집에 함께 사는 돈 없는 젊은이였다. 그런데도 아난드는 학생들에게 한 번도 수업료를 요구하지 않았다. 선생님들의 친절과 열정에 감사하며 학생들이 가능할 때마다 소량의 돈을 낼 뿐이었다. 라즈니쉬도 이 작은 수학교실의 첫 일원이었던 것이 기뻤을 뿐 아니라, 아난드가 어디서도 찾아볼 수 없는 특별한 선생님이라는 것을 알았다.

학생들이 흥미를 갖게 하기 위해 아난드는 수학을 실생활과 연결해서 예를 들어가며 가르쳤다. 바로 이 점이 개념을 확실하게 깨닫게 하는 특별한 방식이었다. 11학년 시험을 마칠 무렵 라즈니쉬의 수학적 원리와 언어는 높은 수준으로 향상되어 있었다. 안타깝게 그도 IIT 입학시험에는 합격하지 못했지만, 다른 대학에서 경제학을 전공하고 법학도 공부했다. 그는 현재 빠트나 고등법원을 거쳐 뭄바이로 진출해 이곤 렐리게어(Aegon Religare) 생명보험회사의 법률 분야 매니저로 일하고 있다.

아난드가 수학 선생님으로 성장하는 동안 계속해서 크게 영향을 받으며 본받으려고 노력했던 수학자가 있었다. 그가 우러러보는 마음속의 영웅, 스리니바사 라마누잔(Srinivasa Ramanujan)이다. 그의 업적에서 큰 영감을 받았고, G. H. 허르디(Hardy)와 라마누잔의 파트너십이 얼마나 중요한지 깨달았다. 라마누잔은 32세의 젊은 나이에 세상을 떠났지만, 순수수학 분야에 훌륭한 통찰력을 제공한 위대한 인도 수학자다. 아난드는 그를 기리기 위해 학교 이름을 '라마누잔 수학학교'로 정했다.

1993년으로 들어서면서 학교는 입소문을 타고 학생이 40명으로 늘었다. 10평 남짓한 교실에 책상과 의자는 많지 않았지만 좋은 칠판이 있었고 분필도 충분했다. 모두 가난한 학생들이라 다른 일반 학교 수업료의 십분의 일 정도만 내고 있었다. 수업은 아난드가 도맡아 했고, 학교 운영은 동생이 맡아서 관리하였다. 당연히 임대료를 마련하는 일이 스트레스였지만, 이해심 많은 집주인의 배려가 학교의 초기 운영에 큰 도움이 되었다. 다행스럽게도 점차 수업료를 정기적으로 내는 학생 수가 늘어나면서 이 문제도 안정되어 갔다. 주인은 세입자가 임대료를 제때 내기 위해 노력한다는 것을 알았고, 세입자는 집주인의 친절과 배려로 편의를 누리고 있음을 잘 이해했기에 시간이 흐르면서 둘의 관계도 단단해져 갔다.

케임브리지 유학을 꿈꾸다

안정적이지는 않아도 수입이 조금씩 생기자 아난드는 추가교육에 대해 고민하기 시작했다. 주로 길거리에서 파는 러시아나 미국 저자의 수학책을 구해 밤에 혼자 공부하곤 했다. 또한 여러 수학자들의 전기를 읽었는데, 특히 라마누잔의 전기는 영감을 얻으려고 몇 번이고 읽고 또 읽었다.

그 시절은 지금처럼 인터넷이 널리 쓰이던 때가 아니었다. TV도 흔하지 않았고 신문 또한 지역이나 국내 뉴스에 국한되어 있어서 어린 아난드가 꿈을 펼칠 미래를 상상할 수 있었던 것은 수학자의 전기와 여러 권의 책들을 읽었기에 가능했다. 그의 머릿속에는 이미 아이디어가 샘솟고 있었다. 그가 읽은 대부분의 책에 케임브리지대학교가 나왔고, 그곳은 수많은 천재들이 자신의 재능을 발견하도록 돕는 곳이었다. 남들에게 이야기하지는 않았지만, 어느새 아난드는 역대 수학 분야 석학들과 다를 바 없이 케임브리지 대학에서 공부하는 꿈을 꾸었다.

한편 아난드의 남동생 쁘라나브는 바나라스힌두대학에 진학해 N. 라잠 교수로부터 바이올린 연주 과정을 사사받고 있었다. 이 시기에 아난드가 동생을 방문하려고 바나라스힌두대학에 갔다가 중앙도서관을 경험했는데, 그에게 그곳은 보물 창고 같았다. 그는 도서관에 비치된 많은 수학 논문 학회지를 읽었다. 논문에 나오는 문제들을 풀고 공부하느라 시간 가는 줄도 몰랐다. 그 바람에 도서관 사서가 그를 내쫓기 위해 불을 꺼야 하는 날이 많을 정도였다. 한번은 세계적으로 어렵다고 알려진 문제를 풀어내느라고 노트 한 권을 다 쓴 적도 있었다. 페이지 페이지마다 빼곡하게 문제 풀이를 이어갔다. 물론 끝내 풀어내고야 말았는데, 그것은 마치 어둠 속에서 휘청이는데 누군가 환하게 불을 밝힌 듯한 경험이었다.

아난드는 자신의 풀이 과정을 논문으로 정리했다. 그렇지만 글 솜씨가 좋은 편이 아니어서 아직은 유치한 수준이었다. 그는 논문을 빠트나과학대학 수학과 학과장인 D. P. 버마(Verma) 교수에게 보여 주었다. 버마 교수는 아난드의 논문이 출판 가능한 수준이 될 수 있도록 도왔다. 그때 당시 아난드에게는 존경하는 선배 까우셜 어짓따브(Kaushal Ajitabh)가 있었는데, 7~8년 정도 선배로 MIT 박사과정 중이었다. 아난드는 그에게 논문을 읽어 봐 달라고 보냈다. 선배로서 까우셜도 아난드의 논문을 신중하게 검토하였다. 두 사람 모두 아난드의 논문이 독창적임을 칭찬하며 학술지에 보낼 것을 권했다.

그 후 몇 날 며칠 수많은 밤을 새우며 노력한 청년 아난드의 논문은, 1993년 영국 셰필드대학에서 발행하는 우수한 학술지 *Mathematical Spectrum**에 실렸다. 논문 제목은 "행복한 숫자"였고, 수론(數論)에 대한 새로운 아이디어를 소개한 내용이었다. 세계적으로도 수학계에 새로운 학자가 등장했다고 보도될 정도였다.

이렇게 아난드가 유망한 수학자로 떠오르자, 그가 머무르던 빠트나 집의 주인 라메쉬 샤르마(Ramesh Sharma)가 아난드를 띨락 더스굽따(Tilak Dasgupta)에게 소개하였다. 더스굽따는 당시 빠트나에 거주하던 프리랜서 기자로 빈곤, 실직, 불평등 문제에 관한 기사를 쓰고 있었다. 그때부터 더

---

* *Mathematical Spectrum*은 1964년 수리과학의 연구를 위해 설립된 영국의 비영리 재단(Applied Probability Trust)이 1968년부터 2016년까지 발행한 매거진으로 수학과 관련된 전문 지식이 포함된 기사뿐만 아니라, 교육기회 및 경력에 대한 정보를 전세계 대학, 교수, 학생 및 수학에 관심 있는 일반인에게 제공했다.

스굽따는 아난드의 인생에 가장 큰 영향을 끼친 사람이 되었다. 그는 아난드가 타고난 재능과 능력을 자신만의 이익이 아니라 보다 더 가치 있는 일에 쓰도록 격려했다.

지금도 아난드는 인생에서 중요한 일을 결정해야 할 때 띨락에게 조언을 구한다. 그래서 아난드와 아내 리뚜는 요즘도 띨락 더스굽따 가족이 살고 있는 콜카타를 자주 방문한다. 두 사람의 깊은 우정 덕분에 누군가 아난드에게 생애 최고의 순간을 묻는다면 주저 없이 띨락과 이야기하는 시간이라고 답할 것이다. 그만큼 1993년 띨락과의 만남은 아난드에게 아주 강렬한 경험이었다.

아난드는 계속해서 *The Mathematical Gazette*[*]를 포함한 몇몇 학술지에 논문을 실었다. 수학자로서의 자신감도 커져 갔다. 그 즈음 띨락 더스굽따의 소개로 빠트나 지역의 타임즈오브인디아 편집장인 웃땀 센굽따(Uttam Sengupta)를 만났다. D. P. 버마가 이야기했듯이 정말 아난드에게는 무언가 특별한 점이 있었다. 버마는 자주 이런 이야기를 했다.

"본인의 학자 경력 동안 단 두 명의 천재를 만났는데,

---

[*] *Mathematical Gazette* : 1894년부터 영국 수학협회가 매년 3회 발행하는 수학교육 학술지로 15~20세를 주 대상으로 수학교육 및 학습과 관련된 기사와 수학 연구에서 주목받거나 흥미로운 영역에 대해 설명하는 기사로 구성돼 있다.

첫 번째 천재적인 수학자는 바쉬쉬타 나라얀 싱(Vashishtha Narayan Singh)이고, 나머지 한 명은 현재 대학에서 공부 중인 젊은 학생, 아난드 꾸마르입니다."

아난드가 센굽따에게 특별한 부탁을 했다. 학생들에게 도전을 주기 위해 경연대회를 개최하는데, 대회 우승자에게 시상하는 행사에 초청 연사로 와달라는 것이었다. 사실 센굽따는 라마누잔 학교 이야기와, 어떻게 이 젊은 학생이 유명한 학생들을 직접 가르치는지, 일부는 무료로 교육의 기회를 제공하는지 관심을 보였었다. 이 일을 시작으로 두 사람은 서로의 인생 친구가 되었다.

처음에 센굽따는 아난드의 부탁을 거절할 마음이었다. 수학 성적이 하위 40%였던 자신이 수학을 공부하는 학교에 연설자로 나서기에 적당하지 않다고 생각했기 때문이다. 그러나 계속 이론 수학에 관한 논문을 쓰려는 아난드의 꿈 이야기를 나눌수록 행사에 참석하고 싶은 마음이 커졌다. 학술지에 발표된 아난드의 논문들을 살펴본 센굽따는 적극적으로 케임브리지 유학을 추천했다. 그때까지도 케임브리지는 아난드에게 헛된 희망 같았고, 왠지 이룰 수 없는 꿈이었다. 그러나 센굽따의 적극적인 격려로 주저하던 아난드의 마음에 작은 동요가 일어났다.

1994년 4월 아난드는 케임브리지대학교 입학 신청서를 작성했다. 입학 신청에 필요한 수수료는 없이 그때까지 발표된 자신의 논문들만 첨부해 케임브리지로 보냈다. 그러고는 케임브리지에 대해서 잊으려고 애썼다.

'괜한 짓을 했어. 지원서를 왜 보냈을까? 그곳 교수들 모두 나를 비웃고 있을 게 분명해.'

아난드는 잠들지 못하고 침대에 누운 채 생각했다.

'케임브리지에 잘도 가겠다.'

인생의 큰 기둥,
아버지를 잃다

라마누잔 학교의 인기가 점점 올라가며 아난드는 학생들과 더 많은 시간을 보냈다. 이제 학교에서는 수학뿐만 아니라 화학과 물리 수업도 있어서 학생들은 IIT 입시 지도를 받고 있었다. 학원이 셀 수 없을 만큼 많던 빠트나에서 광고 하나 없이 이뤄낸 엄청난 결과였다.

어느 날 아침 아난드가 학교에 가려고 준비하고 있을 때 밖에서 어머니가 외치는 소리가 들렸다.

"아난드, 아난드! 케임브리지에서 편지가 왔어!"

한 손에는 부엌에서 쓰는 밀대를 들고 다른 한 손에는 편지를 움켜 쥔 채 어머니가 달려왔다. 입학 신청서를 보낸 지 정확히 한 달 되는 날이었다. 아버지도 무슨 일인지 궁금해 안으로 들어왔다. 아난드가 봉투를 열어 아버지에게 건넸다. 케임브리지대학 합격이었다.

아버지가 급히 밖으로 나가 동생 내외를 불렀고, 곧바로 소식을 들으려고 이웃들이 모여들었다.

"아난드가 케임브리지에 가요! 케임브리지!"

언제 가져왔는지, 어느새 달콤한 랄두를 나눠 먹으면서 아이들까지 노래하기 시작했다.

"아저씨 말이 맞대!"

그러나 아난드는 축하하는 무리에서 조금 떨어져 씁쓸한 미소를 지었다. 그는 기뻐해야 할지 슬퍼해야 할지 몰랐다. 아버지가 구석에 혼자 있는 아난드에게 다가왔다.

"아들아, 왜 그러느냐? 최고의 소식이잖니. 이웃 사람들은 케임브리지가 뭔지도 모를 거다. 아니지, 이런 얘기는 하지 말자. 무슨 생각을 하고 있니?"

"아버지, 등록금이 너무 비싸요. 제 어리석은 꿈 때문에 그렇게 큰돈을 마련할 수는 없어요."

"말도 안 되는 소리! 지금 이게 무슨 의미인지 알겠니? 우리 모두 너에게 특별한 재능이 있다는 걸 알고 있었어. 네가 이 지옥 굴에서 벗어나 훌륭한 사람이 될 기회가 온 거야. 라마누잔이었다면 돈 따위로 포기했을 거 같으냐? 걱정하지 마라. 아버지가 살아 있는 한 돈 문제 따위는 걱정할 필요 없다. 넌 공부에만 집중해."

아난드는 눈물을 글썽이며 아버지를 끌어안았다.

아버지는 면 셔츠 한 장으로 견디던 빠트나의 겨울을 기억하고 있었다. 아들만은 영국에서 입을 수 있게 따뜻한 옷을 충분히 마련해 주리라 다짐했고, 그리하여 딱 하나 가지고 있던 좋은 코트 한 벌을 아난드의 사이즈로 고치기까지 했다.

하나씩 준비가 이루어지는 동안 친지와 이웃들이 아난드의 성공을 기원하며 밝은 미래를 축복해 주려고 찾아왔다. 출발하는 날짜가 다가올수록 모두의 기대와 흥분은 급속도로 커졌다. 그리고 치명적인 운명의 바람이 불어닥쳤다.

1994년 8월 23일 아버지는 낮잠을 자고 있었다. 비가 내리던 그날, 여느 때처럼 바닥에 누워 잠을 자던 아버지가 왠지 가쁜 숨을 몰아쉬고 있었다. 아난드와 어머니가 달려갔다. 그러고는 점점 호흡이 가빠지면서 고통스러워 보이는 그를 일으키려고 했다. 아난드가 도움을 구하려고 쏟아지는 빗속을 뚫고 나갔다. 그러나 안타깝게도 찬드뿌르 벨라에는 의사가 없었다. 닥터 바가트(Daactar Bhagat)라고 부르는 약제사가 샨띠 꾸띠르(Shanti Kutir)에서 500미터 떨어진 곳에 살고 있었다. 아난드가 서둘러 그를 집으로 모셔와 아버지를 진찰하게 했지만, 너무 위중하니 얼른 병원으로 옮겨야 한다고 했다.

사실 약제사가 도착했을 때, 아버지는 이미 사망한 상태였다. 차마 슬픈 소식을 가족들에게 전할 수 없어 병원으로 옮겨 진단받으라고 한 것이었다. 택시를 잡는 것마저 불가능해서 결국 아난드는 아버지를 카트에 조심스레 뉘이고 제일 가까운 병원으로 달렸다. 여전히 비가 쏟아지고 있었다. 폭우로 앞은 잘 보이지도 않고, 움푹 패인 도로로 아버지를 뉘인 손수레를 끄는 아난드의 마음이 찢어지고 있었다.

마침내 빠트나 의과대학 응급실에 도착했을 때는 밤이었다. 그러나 그곳에는 더욱 고통스런 처절함이 기다리고 있었다. 접수대의 누구도 환자를 손수레에 싣고 온, 비에 쫄딱 젖은 아난드를 상대해 주지 않았다.

"제발 도와주세요! 아버지가 숨을 쉬지 않아요. 제발 살려 주세요. 제발요, 도와주세요!"

아무 도움도 받지 못하는 상황에 아난드는 알 수 없는 무력감과 분노에 휩싸였다. 그는 치밀어 오르는 화를 이기지 못하고 소리를 지르면서 의료진을 공격하기 시작했다. 그러나 병원은 아버지를 진료하는 대신 경찰을 부를 뿐이었다. 케임브리지 유학을 앞둔 젊은 청년이 아버지를 살려 달라고 미친 듯이 울부짖는 너무도 가슴 아픈 광경이었다.

그 즈음 병원 안팎에 아난드를 뒤따라온 100여 명의 사람들이 모여 있었다. 모두들 경찰에게 사실을 설명하며 아난드를 풀어 주기를 요구했다. 그제서야 의사들이 아버지를 진단하고 사망 선고를 내렸다.

모두들 넋이 나간 채 집으로 돌아왔다. 아침이 오도록 아무도 돌아갈 생각도 못하고 믿어지지 않는 현실에 저항하고 있었다. 아난드의 할머니는 데오다하에 머무르고 있어서 밤사이에 누군가가 오토바이로 모셔 오는 중이었다. 어떤 소식이 기다리고 있는지 차마 말하지 못했다.

아무도 할머니를 진정시킬 수 없었다. 이미 한 아들을 잃었던 할머니에게 또 다른 아들을 잃는 것은 감당하기 힘든 일이었다. 그녀는 머리를 쥐어뜯고 가슴을 치며 울부짖었다. 그 누구도, 그 무엇도 그녀의 고통을 달랠 수 없었다. 바로 며칠 전 축하의 말을 전하려고 왔던 사람들이 함께 슬퍼하기 위해 찾아왔다.

화장터에서의 일들도 아난드에게는 현실이 아니라 꿈 같았다. 아난드는 모든 의식을 치렀다. 모두 생소하고 고통스러웠다. 전통적으로 장남이 죽은 이의 입 속에 화장을 시작하는 불덩이를 넣는 의식인 무카그니(mukhagni)를 해야 했지만 아난드는 주저앉고 말았다. 그러나 가난한 이에게는 슬퍼할 시간조차 허락되지 않는다. 사제가 불을 붙이기 전에 관례대로 먼저 돈을 요구했다. 슬픔에 빠져 있던 아난드는 왜 의식이 중단되었는지 처음에는 이해하지 못했다. 돈을 내지 않은 것이 문제라는 현실을 깨닫고 그는 병원에서 느꼈던 것과 같은 분노에 다시 휩싸였다. 그의 동생도 분하고 억울했지만 애써 형을 달래고 있었다.

"잔인해. 다들 잔인해."

아난드는 억울해서 울분을 터뜨렸다.

화장터가 사람들로 꽉 채워졌다. 아버지의 우체국 동료들과 지인들이 멀리 데오다하에서 찾아왔다. 마치 지역 정치인이나 종교인 같은 유명인의 장례처럼 보일 정도였다. 그만큼 아버지 라젠드라는 선하고 존경받는 사람이었다. 오랜 세월 대가를 바라지 않고 수많은 이들에게 도움을 준 사람이었다.

한 번은 마을 제사장인 빤디뜨의 아들이 실종되었을 때 라젠드라는 자기 일처럼 찾아 나섰다. 약물남용으로 사망한 그 아들을 발견한 것도 라젠드라였다. 빠스완은 아난드에게 너의 아버지는 신과 같은 존재였노라고 말했다. 그의 아들 두크하란(Dukhharan)이 일자리를 찾아 떠돌아 다녔는데 오랜 기간 소식이 없자 빠스완이 아난드의 아버지에게 도움을 요청했다. 아버지는 아무런 보수 없이 찾아 나섰다. 수소문 끝에 베나라스에서 두크하란을 찾고 보니 일하다가 한 쪽 팔을 잃은 상태였다. 그런데 고용주가 공사 진행에 문제가 생길까 두려워 환자가 된 그를 고향으로 돌아가지 못하게 가둬 두고 있었다. 결국 아난드의 아버지가 그를 데리고 돌아왔다.

모든 일화가 아난드가 아버지로부터 그의 성정을 일부 물려받았음을 말하고 있었다. 아난드도 아주 어려서부터 자신만을 위해서가 아니라 어렵고 가난한 사람들을 위해 일하려는 의지를 보였기 때문이다. 아버지는 사람들을 도울 때 보수가 있는지 신경 쓰지 않았다. 부나 명성을 얻을지 어떨지도 따지지 않았다. 청년 시절 아무 관련 없는 늙고 힘든 할머니를 도우면서 자신이 특별한 일을 하고 있다고 생각하는 법이 없었다. 하루 종일 침대에 누워 지내는 할머니와 시간을 보내고 간호했다. 카스트와 종교적 신념을 가장 중요한 것으로 여기던 시절에도 앞집에 사는 낮은 카스트의 청각 장애인 여인과 소통하려고 수화를 배우기도 했다. 생김새나 신분 차이와 상관없이 사람은 모두 평등하다고 믿었다.

집으로 돌아온 그날 아난드는 동생과 나란히 마루에 누워 방안에 걸려 있던, 아버지가 남겨준 코트 자락을 보았다. 24시간도 되지 않은, 바로 하루 전에 아버지로부터 받은 옷이었다. 서늘함이 날카롭게 스쳤다. 그는 그 코트를 입을 자격을 갖출 때까지 절대 입지 않겠다고 굳게 다짐했다.

"더 나은 일을 하지 못한다면
지금까지의 교육이 무슨 소용일까?"

4

빠삐드팔이 청년에서
일타강사로

기댈 곳 없는 절망,
아버지를 따라 죽어가는 꿈

아난드의 집 전체를 감싸고
있는 짙은 슬픔은 좀처럼 가시지 않았다.

친구들과 친척들은 아난드가 계속해서 케임브리지 유
학을 위해 기금을 마련하기를 바랐다. 타임즈오브인디아
(Times of India)에 나올 수 있도록 친구 웃땀 센굽따에게 도
움을 청하기도 했다. 빠트나대학의 힌디어 교수님은 아난
드가 국회의원과 만날 수 있도록 주선하기도 했다. 의원은
긍정적인 반응을 보이며 다음 날 오전 11시에 만나 주겠
다고 하였다.

아난드가 정시에 도착했다. 하지만 문 앞에서 거절당
했다.

"의원님께서 11시에 만나자고 하셨습니다. 케임브리지
계획에 대해 의논해 보자고 하셨어요."

아난드가 설명했지만 몇 가지 질문이 더 있은 후에야

겨우 정문을 지나 로비에서 기다리게 되었다. 30분을 더 기다려 커다란 회의실로 안내되었지만 방에 들어선 순간 멈칫할 수밖에 없었다. 의원님과 단둘이 만날 것으로 예상했지만 회의실 안에는 7~8명의 정치인들이 큰 소리로 논의 중이었다.

"이리 오게, 아난드. 어서 와 앉아."

의원은 웃으면서 구석에 놓인 의자에 앉으라고 손짓했다. 아난드는 중요한 일을 의논하고자 찾아왔기에 회의를 끝내고 의원이 곧 자신을 상대해 줄 것이라고 생각했다. 처음에는 침착하려고 애썼지만 얼마 가지 않아 회의실을 감도는 분위기를 느낄 수 있었다.

"그 자리는 그에게 주어져서는 안 됩니다. 아무래도 그 사람 대신에…."

"맞아요, 맞아. 그가 카스트 계급상 지지자 표밭도 넓고 하니 훨씬 가능성이 높지."

아난드는 앉아서 들으면서도 믿기지 않았다. 어안이 벙벙했다.

'내가 수학 공식을 풀기 위해 애쓰는 동안 여기 정치하는 사람들은 카스트 문제를 푸느라 골머리를 앓고 있구나.'

아난드가 15분인가 20분 정도 더 기다리다 정중하게 말했다.

"의원님, 케임브리지 문제에 대해 의논해 보자고 하셔서 왔습니다."

"아, 물론이지. 나는 누구든지 우리 지역의 이익을 위해 열심히 공부하는 사람이라면 관심이 있다네. 그들을 모두 존경하고 격려하지."

의원은 두 팔을 들어 올리며 큰 목소리로 가볍게 말했다. 그러고는 다시 자신의 선거운동을 논의하기 위해 정치인들 쪽으로 눈길을 돌렸다. 아난드는 긴장하면서 생각했다.

'의원님은 아마 내가 등록금 문제를 의논하려는 걸 모를 수도 있겠다. 더 직접적으로 말해야 할 것 같아.'

그는 다시 한 번 힘주어 말했다.

"네, 의원님. 그렇지만 교수님께서 의원님께 얘기하셨듯이 저는 자금 지원이 필요합니다."

"알지, 알아. 금전적인 도움에 대해 이야기했지. 그런데 최고 중의 최고는 늘 돈으로 쌓은 제단에서 파괴된다니까. 돈을 따라가지 마. 좋은 인연을 쫓으면 모든 걸 얻을 거야."

의원은 그렇게 말하고 다시 돌아앉았다.

15분을 더 기다린 뒤에 아난드는 마지막으로 말했다.

"실례합니다만, 의원님. 저는 케임브리지로 가기 위한 돈이 필요합니다."

"그래, 미국으로 가. 런던으로 가. 최고의 학교로 떠나. 열심히 공부해! 그러나 붓다와 마하비라*의 나라, 이 땅으로 돌아와야 해. 이 말을 하려고 불렀어. 잊지 말게. 조국은 자네가 필요하다네."

아난드는 도움을 전혀 기대할 수 없다는 걸 깨닫고 나올 수밖에 없었다.

그는 고개를 푹 숙인 채 걸어 나왔다. 건물 반대편 길에 짜이를 파는 가판대가 보였고, 주머니 속에는 동전 몇 루피가 있었다. 그는 짜이를 마시며 생각에 잠겼다. 짜이 장수가 여러 장의 자격증을 손에 쥔 채 머리를 감싼 젊은이에게 말을 걸었다.

"무슨 일이오? 무슨 일로 의원님을 찾아간 거요? 일자리 때문이오?"

절망적인 데다가 기진맥진한 아난드는 처음 만난 아저씨에게 사정을 털어놓았다.

* 마하비라(Mahavira) : 인도의 종교가, 자이니교 창시자

"돈? 어떤 물정 모르는 교수가 거기로 보낸 거요? 저 사람들 지난 4개월 치 찻값도 안 내고 있는데 경제적 지원을 하겠소? 쓸데없는 일이요. 꿈이라면 포기하고 직장이나 구하는 게 낫지."

아난드는 찻잔 속을 뚫어져라 들여다보며 짜이 장수의 말을 곰곰이 생각했다. 그는 좌절했다. 아버지가 살아 계셨을 때도 막다른 벽이었다. 학생들의 영국 유학을 지원해 주는 종교 단체가 있다는 소식을 듣고 아버지와 함께 찾아가서 알아본 적이 있었다. 우선 그 종교로 개종하고 이름까지 개명하여 법적인 절차를 거친 후에 신청서를 작성해 다시 찾아오라고 했다.

카스트 지도자를 찾아간 적도 있었다. 당시 비하르와 우따르쁘라데쉬 주는 카스트 제도가 일반적이었는데, 모든 정치 제도가 카스트에 기반을 두고 있었기에 선거를 위해서도 카스트 상위 계급이 매우 중요했다. 그래서 어떤 사람들이 아버지에게 카스트 지도자를 찾아가서 도움을 청해 보라고 한 것이다. 지도자는 너무나도 선뜻 도움의 손길을 내밀면서 돈을 준비해 둘 테니 이틀 후에 아들을 데리고 오라고 말했다. 날아갈 듯한 마음으로 찾아간 두 사람에게 카스트 지도자가 말했다.

"네, 돈은 준비되었소. 부유한 집안 딸과 당신 아들을 결혼시켜야 하오. 양가 같은 카스트이니 걱정할 건 없소. 필요한 돈은 지참금 형식으로 받게 될 거요."

역겨운 마음에 아버지는 아들을 데리고 나왔다.

아버지가 돌아가신 후 편지 한 통을 받았다. 〈더 힌두〉 잡지에서 아난드의 기사를 보았다는 사람이 보낸 편지였다. 자신을 델리에 사는 부유한 사업가로 소개하면서 만나고 싶으니 델리로 오라고 초대하는 내용이었다. 아난드는 자비로 표를 사서 델리로 향했다. 사프라중 엔클라브(Safdarjung Enclave)에 도착해 반가운 환영 속에 차 한 잔을 대접받으며 따뜻한 만남을 가졌다. 그러나 집으로 돌아와 여러 번 연락했지만 슬프게도 아무 답을 얻지 못했다.

'정말 도움이 필요할 때 아무도 도와주지 않는구나. 봉사 단체들도, NGO도 소용없어. 다들 홍보 효과가 있는 사람들만 도우려고 해.'

아난드는 씁쓸한 마음이 들었다.

웃땀 센굽따가 아난드를 위해 한 번 더 당시 비하르 주 총리였던 랄루 쁘라사드 야다브(Lalu Prasad Yadav)와의 만남을 주선했다. 아난드가 그를 만나러 갔지만 비서가 미팅을 거절한 상황이었다. 그에게 방문 목적을 종이에 적으라

고 하더니, 랄루 총리님을 만날 수 없다면서 그냥 가라고
했다. 케임브리지에 대한 꿈이 죽은 아버지를 따라 천천히
죽어가고 있었다.

수학교실을 접고
생계 전선에 뛰어들다

매일 아무 성과 없이 풀이 죽어 집으로 돌아오는 아난드를 보며 어머니 자얀띠 데비의 마음이 무너져 내렸다. 보잘것없는 우체국 연금만으로는 끼니를 해결하기도 버거웠다. 어머니는 아난드가 희망을 버리지 않기를 바랐다. 어느 날 저녁 그녀가 아들에게 말했다.

"결정했단다. 갖고 있는 보석을 줄 테니 얼마만이라도 돈을 마련하거라. 나에게는 너와 쁘라나브가 진정한 보석들이야. 이 따위 쇠붙이 조각들이 무슨 소용 있겠니?"

아난드는 복받치는 감정을 억누르며 어머니의 제안을 웃음으로 얼버무리려 했다.

"농담하지 마세요, 어머니. 어차피 값나가는 보석도 아니에요. 추억을 위해 간직하셔야죠. 이걸로 케임브리지 등록금을 충당하기 힘들어요. 그냥, 저녁이나 먹고 우리 다

잊어버리기로 해요."

저녁이라고 해도 로띠가 전부였고 생활비도 바닥나고 있었다. 설상가상 젊은 나이에 사망한 경우엔 나라에서 나오는 보상금이 있지만 아버지의 경우는 오히려 집을 지을 때 이미 대출을 받아서 대출금 18,000루피를 갚아야 하는 처지였다. 아난드는 케임브리지 꿈을 포기할 수밖에 없음을 깨닫고, 가장으로서 가족의 생계를 책임지기로 마음먹었다.

라마누잔 수학교실은 두 형제가 많은 시간을 할애해서 일해야 하는데 비해 수입이 전혀 나오지 않아 당분간 문을 닫기로 했다. 가장 우선적으로 해야 할 일은 돈을 버는 일이었다. 그렇지 않으면 하루 두 끼니도 힘들어 굶어야 하는 상황이었다. 어머니는 결단을 내렸다. 남편이 살아 있는 동안 완벽한 전업 주부로서 직장이라고는 다녀 본 적 없는 그녀의 삶이 180도 변해 있었다. 부지런히 가족을 돌보고 이웃, 친척, 친구들을 정기적으로 방문하였고 남는 시간에는 기도에 힘썼다. 훈련받은 자격증은 없었지만, 요리 솜씨가 뛰어나서 직접 만든 빠뻐드가 지인들 사이에서 아주 유명했다. 그녀는 차액을 조금 남기고 빠뻐드 장사를 시작하는 것이 어떨지 가족들과 의논했다. 아난드는 찬성이었다.

빠뻐드는 주로 쌀이나 렌틸콩으로 만들었다. 어머니는 건조된 검은 렌틸콩을 가루로 빻아서 소금과 향신료를 섞고 물을 더해 반죽했다. 반죽을 밀대로 밀어 아주 얇게 종이 두께로 만들어 두었다가 햇볕에 말리는데, 허리가 아플 정도로 반죽하고 밀대로 밀어야 했고, 테라스에서 말릴 때도 바람에 날아갈까 한시도 눈을 뗄 수 없었다. 건조된 후에는 부서지기 쉬운데다가 조금이라도 조각나면 팔리지 않아서 아주 조심해서 옮겨야 했다. 얼마 되지 않아 어머니는 하루에 백여 장씩 만들어 냈고 가족들은 함께 요리할 때 사용할 땔감으로 마른 소똥 덩어리를 준비했다.

배달은 아난드가 담당했다. 동네 구석구석을 뛰어다니며 집집마다 방문해 팔기도 하고 거리 상가의 상인들에게도 배달했다. 낮에는 빠뻐드를 팔고 밤에는 공부를 했다. 건강이 염려된 어머니가 책을 덮고 잠 좀 자라고 간청하곤 했는데, 사실 이런 식의 육체노동이 아난드에게는 결코 쉽지 않았다. 공부만 해온 청년 학자에게 남들의 시선이 다소 불편했지만, 생업이 절실한 상황이었기에 곧 익숙해졌다.

아난드는 이른 새벽마다 자전거 뒷좌석에 빠뻐드를 단

단히 묶어 실었다. 그러고는 매일 같은 길을 자전거를 타고 돌았다. 가족이 최근에 겪은 비극적인 일을 알기도 했지만 많은 상인들이 장사에는 초보여도 충분히 매력적인 젊은이를 기꺼이 받아들였다. 하지만 무례하게 업신여기는 이들도 많았다. 어느 새 상인들은 그를 '빠뻐드 장수집 아들'이라고 불렀다. 판매 지역과 인력이 한정적이었기에 지인들의 도움과 이웃 상인들에게 의지할 수밖에 없었다. 쉽지는 않았지만 날카로운 말이나 비웃음에도 흔들리지 않았다. 그는 일을 빠르게 배워 갔고, 사업을 하는 데 필수 요소인 대범함으로 능란해졌다.

빠뻐드 장사로 얻는 이윤은 그리 크지 않았지만 점차 늘어나서 예전에 아버지가 벌던 생활비 정도 되었다. 1~2년 안에 대출금 18,000루피를 갚았다. 하지만 일은 여전히 힘들었고, 특히 어머니에게 가혹한 작업이었다. 가족이 모두 힘들어했다.

다시 배움의 길로

아난드, 쁘라나브, 옴(Om)이 구루지(Guruji, 선생님)라고 부르던 작은아버지 미나 쁘라사드는 아난드의 아버지가 죽기 2년 전에 샨띠 꾸띠르에서 이사를 했다. 좀 더 건조한 지역에서 살기 위한 결정이었다.

지금과는 달리 당시의 찬드뿌르 벨라에는 매해 장마 때마다 무릎까지 차는 홍수가 몇 주씩 이어졌다. 장애가 있어 걷기가 불편한 그에게는 몇 배 더 어려운 환경이었다. 홍수 때면 누군가 한 명이 어깨에 태워 다녀야 했다. 그래서 작은아버지는 아내인 작은어머니와 함께 조금 떨어진 곳의 언덕 위 집으로 옮기고, 부부의 아들인 옴은 양쪽 집을 오가며 생활했다. 작은어머니는 늘 조금이나마 생활비 버는 것을 도우려고 노력했고, 때때로 조카들이 달과 밥만 먹는 것에 질렸을 때 채소를 마련해 주기도 했다.

가족이 비극을 겪은 후에 사촌인 옴 꾸마르도 가족을 위해 돈을 벌려고 열심이었다. 사실 크면서 셋은 삼형제나 마찬가지였다. 아버지나 삼촌이나 똑같이 대했다. 호칭도 같아서 옴도 사촌 아난드와 쁘라나브를 따라 아버지인 미나를 구루지라고 부를 정도였다. 옴은 쁘라나브보다 넉 달 어렸지만 둘은 같은 학년이었다. 셋은 자라면서 정말 친했다. 특히 옴과 쁘라나브는 떼려야 뗄 수 없는 2인조였다. 그러나 사춘기를 지나면서 아난드는 공부 잘하는 우등생이었고 쁘라나브는 음악을 하기로 선택한 반면에, 옴은 나쁜 친구들과 어울리기 시작했다. 학업을 포기하고 빈민가 아이들과 어울려 다니며 어린 나이에 잎담배와 대마초를 피기 시작했고 씹는 담배를 피기도 했다.

하루는 10학년 시험을 앞둔 옴에게 아난드의 아버지가 물었다.

"너는 내 아들이나 마찬가지다. 왜 인생을 낭비하고 있는 거냐? 한번도 아난드나 쁘라나브와 다르게 대한 적 없는데, 내가 뭘 잘못한 거니?"

그러고는 울면서 주저앉았다. 큰아버지의 눈물을 보며 옴은 충격을 받았고 죄책감을 느꼈다. 괴롭힐 마음은 전혀 없었기 때문이다. 사실 태어나서부터 지금껏 옴은 아난드와 쁘라나브처럼 라젠드라를 삐따지(Pitaji, 아버지)라고 불러왔다. 그날 옴은 라젠드라 쁘라사드와 약속했다.

"오늘 이후로 아버지가 한탄할 일 없게 하겠어요. 저, 나쁜 일에서 모두 손 떼겠습니다."

그는 새로워졌고 다시 공부에 매진했다. 하지만 열심히 했음에도 10학년 시험 성적은 좋지 않았다. 그래도 모두들 그의 노력만큼은 인정했다.

라젠드라 쁘라사드가 그에게 타이핑 기술을 배우라고 말했다. 그 시절에는 타이핑 기술이 직장을 구하는 데 유리한 능력 중의 하나였다. 라젠드라가 죽고 난 후 옴은 슬픔 속에 침묵하고 있었다. 그를 응원하고 격려해 주던 사람이 사라진 것이다. 본격적으로 타이핑을 배우려고 했지만 그도 어쩔 수 없이 빠삐드 장사를 도와야 했다. 아난드는 옴이 오전에는 대학에서 공부하고, 오후에는 네다섯 시간 동안 타이핑 기술을 훈련하고, 다시 저녁이면 아난드가 돌지 못한 지역을 돌면서 빠삐드를 배달하는 것을 알고 있었다.

1997년부터 1998년까지 2년에 걸친 옴의 노력은 결국 빛을 발했다. 아버지의 예상대로 옴은 첫 번째 시도에서 SSC(직원 고용 위원회) 시험을 통과하고 알라하바드에서 속

기사로 일하게 되었다. 그곳에서도 훈련을 계속했고 지금
은 빠트나에 있는 인도 정부 기관에서 회계 담당자로 일하
고 있다.

배고픔의 위력

몇 달이 지나고 빠뻐드 장사도 안정되기 시작했지만 여전히 생활하기에 충분할 정도는 아니었다. 형제는 배고픈 상태로 잠드는 날이 많았다. 음식이 있는 날도 어머니와 모두가 바닥에 앉아 간단히 로띠와 야채볶음으로 끼니를 때우는 정도였다. 어쩌다 어머니가 달걀 카레와 짜빠띠를 준비하는 날이면 아난드는 천국에 있는 듯이 기뻤다. 그러나 음식이 없을 때는 차가운 물 한잔을 들이키는 것으로 배고픔을 잊으려 애쓰면서 잠을 청했다. 비하르에 사는 많은 사람들이 같은 형편이었다.

아난드는 태어나 처음으로 배고픔이 얼마만큼 심리적으로 타격을 주는지 깨달았다. 신체적인 질병보다 더 심한 문제였다. 아버지가 우체국에서 받은 쥐꼬리만한 월급이 얼마나 운 좋은 것이었는지 절실히 느꼈다. 왜 사람들이 배고픔을 떨쳐 내기 위해 무엇이든 마다하지 않는지 그제서야 이해하게 되었다.

약한 마음이 들 때면 조금이라도 나은 생활을 위해 뭄바이나 꼴까따로 떠나야 하나 생각하기도 했다. 그러나 어머니와 집을 떠나는 것을 상상할 때면 공허함이 밀려왔다.

'못하겠어. 살겠다고 팔 하나를 잘라 내는 것과 같아.'

1년 후, 다시 분필을 잡다

아난드는 학문을 하고자 했던 자신의 포부가 서서히 죽어가는 것을 느꼈다. 그는 고민하기 시작했다.

'난 대학까지 나왔는데 이렇게 매일 먹고 사는 것 때문에 노동만 한다면 인생에 남는 게 뭘까. 더 나은 일을 하지 못한다면 지금까지의 교육이 무슨 소용일까?'

빠삐드 장사로 남는 이윤은 많지 않았지만 대신 꾸준했다. 아난드는 이 일을 계속해야 한다는 것을 알고 있었다. 그렇지만 지난 1년 라마누잔 수학교실을 닫아 둔 상황이어서 다시 열고 싶은 마음이 생겼다. 돌아가신 아버지도 원했을 일이라며 가족들과 어머니가 응원했다. 아난드도 아버지가 결코 수학교실이 없어지는 것을 바라지 않을 것이라 확신했다.

무모할 수도 있었지만 다시 한 번 가르치는 일을 시작

하기로 마음먹었다. 1995년 라마누잔 수학교실을 라마누잔 수학 학교로 바꾸어 다시 문을 열었다. 그동안 빠뻐드 장사로 모아 둔 약간의 돈으로 임대료를 마련했다. 처음에는 단 여섯 명 만이 등록했다. 미지근한 반응이었다. 하지만 아난드는 의기소침해지지 않았다. 오히려 염려되는 모든 생각들을 뿌리치고 집중했다. 교실에서 학생들을 대상으로 가르칠 때는 두려울 것이 없었다. 근심 걱정을 모두 버리고 여섯 명을 가르치는 일에만 열정을 쏟아부었다. 교실 안의 아난드는 빛나고 있었다.

학생들은 아난드가 가르치는 내용도 좋아했고 수업 방식도 좋아했다. 그의 수업은 아주 깔끔하면서도 명료했다. 얼마 지나지 않아 학생들은 주어진 문제를 그리 어렵지 않게 풀 수 있게 되었다. 그의 마법 같은 수업은 곧 소문이 났다.

라마누잔 수학 학교의 몇몇 학생들은 IIT 입학시험(JEE)을 비롯해 여러 기술시험에 진심이었다. 하지만 입시 준비를 위한 학원 교습비가 학생들이 엄두를 낼 수 없을 정도로 비쌌다. 아난드는 다른 학원의 십분의 일 정도의 수업료만 받고 입시 공부를 가르치기 시작했다. 아난드가 제안한 등록 절차는 아주 간단했다. 선불도 필요없고 얼마가 됐든 낼 수 있는 만큼씩 편리한 때에 내면 되는 방식이었다. 부유하지 못한 학생들이 우선 돈부터 내는 것이 얼마나 어려운 일인지 알고 있었기 때문이다.

아난드는 오전 시간 동안은 배달을 다녔다. 자전거를 타고 달리면서 저녁 수업 시간에 가르칠 내용을 머릿속으로 정리했다. 흔한 방법은 아니었지만 일상생활에서 찾을 수 있는 평범한 일들을 수학과 연결해서 수업에서 가르쳤다.

이즈음 그는 웃땀 센굽따의 소개로 타임즈오브인디아에 젊은 독자들을 위한 수학 퀴즈 칼럼을 쓰고 있었다. 여전히 웃땀은 아난드의 열렬한 지지자로서 가능한 모든 지원을 아끼지 않았다. 이 칼럼이 일간지에서 아주 인기를 얻어, 주말 판에는 '경력과 경연'이라는 제목의 별지로 나갔다. 이런 인기에 라마누잔 학교 학생들의 입소문이 더해져 아난드의 인기는 점점 많아지고 등록하는 학생 수도 늘어났다. 1996년에는 학생 수가 36명이었다.

학교가 급성장하면서 가족들의 형편도 차차 나아졌다. 학생들의 성공 이야기가 다른 새로운 학생을 불러들였다. 이제는 학교에서 나오는 등록금과 빠뻐드 장사에서 만들어지는 이윤까지 더해 기본적인 생활비가 충당되었다.

학생 수가 늘어나면서 더 넓은 공간이 필요하다는 걸

알고 아난드는 학교를 빠트나 중심부의 라젠드라 나가르 (Rajendra Nagar)에 있는 큰 건물로 옮겼다. 사업적인 관점에서 매우 기민한 움직임이었다. 교통이 편리한 지역이었기에 더 많은 학생들이 올 가능성이 있었기 때문이다. 그것은 새로운 시작이었다. 학원들로 붐비는 빠트나 중심가에 자리 잡았는데도 적은 등록금으로 뛰어난 수업을 제공하였기에, 라마누잔 수학 학교는 가난한 학생들이 우선적으로 선택하는 학교였다.

뭄바이에서 바이올린 연주자로 활동 중이던 동생 쁘라나브가 자주 빠트나로 와서 학교 행정을 도왔다. 학생들을 제대로 돕기 위해 물리와 화학 분야 선생님들을 고용한 상황이어서 장기적으로 학교를 발전시키고 운영하기 위해서는 행정적인 부분이 아주 중요했다.

1997년에 이르러 라마누잔 수학 학교의 등록생 수는 300명이 넘었다. 교실은 비좁았지만 오히려 학생들 간의 연대감과 유대감이 더 깊어졌다. 대부분의 IIT 입학시험 입시생들이 라마누잔 수학 학교를 선택해서 다른 입시 학원이 경영난을 겪는 일들이 생겨났다.

아난드 수업의 비결 중 한 가지는 지도하는 학생들에게 쏟는 개인적인 관심이었다. 학생 수가 많음에도 불구하고 아난드는 모두의 이름을 외우고 한 명 한 명의 수업 진도와 학업 목표를 기억했다. 학생 모두 아난드와 친하게 지내면서 어떤 문제든지 그와 이야기하고 의논했다. 단순히 수학뿐만 아니라 인생 고민과 어려움을 해결할 방안에 관해서도 조언을 구했다. 돈으로는 살 수 없는 삶의 교훈이었다.

또한 아난드는 해마다 교육의 질적 향상을 위해서 학교 시설을 개선해 나갔다. 방송 시스템을 도입하고 학교 구석구석 스피커를 설치해 매일 삼백 명 전교생이 같은 수업을 들을 수 있게 했다. 자신이 잘 보이도록 단상에 올라가 칠판에 해법을 써가며 전교생을 가르쳤다. 그가 가는 곳에는 어디든 칠판이 놓였고 분필도 많이 준비되었다. 학생들은 집중하고 그는 열정적이었으니 따라오는 성과는 의심할 여지가 없었다.

1998년 아난드는 너무나도 바빴다. 학생 수가 전해에 비해 3분의 1이 더 증가해 400명에 가까웠다. 이 정도를 가르치는 일은 뿌듯하기도 했지만 동시에 어려운 일이기도 했다.

같은 해에 아난드는 델리의 IIT 깐뿌르로 출장을 갈 예정이었다. 델리에서 그는 당시 러크나우(Lucknow)에 타임

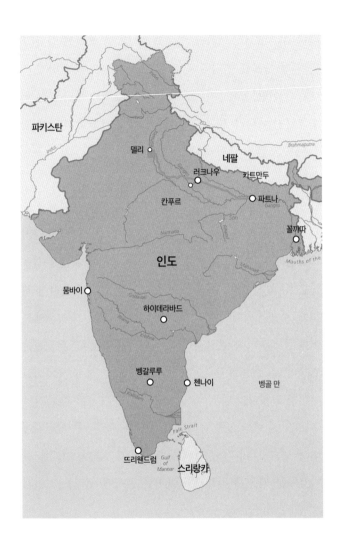

파키스탄

델리

러크나우

네팔

카트만두

칸푸르

파트나

꼴까따

인도

뭄바이

하이데라바드

벵갈루루

첸나이

벵골 만

뜨리웬드럼

스리랑카

즈오브인디아 신문 편집자로 일하는 웃땀 센굽따에게 전화를 했다. 어려울 때마다 아낌없이 지원해 준 친구를 보러 러크나우에 들르고 싶었던 것이다. 저녁 늦게 도착해서 기차여행에 지친 아난드가 씻는 동안 센굽따는 그가 가져온 두 개의 여행 가방이 책으로 가득찬 것을 보았다. 호기심에 책들을 살펴보니 가난한 가우디야 멑의 빠뻐드 장수가 보기에는 사치스럽다 싶은 외국 수학 서적들이었다. 센굽따는 욕실에서 나오는 아난드에게 가방 안의 책들을 가리키며 대체 무슨 돈으로 샀는지 물었다. 아난드가 주저 없이 대답했다.

"학교에서 번 돈으로요."

라마누잔 학교 한 해 등록금이 학생 당 500루피였고 올해 학생이 400명이니 모두 2십만 루피였다. 거기서 직원들 월급과 다른 부대비용을 쓰고도 꽤 많은 돈이 남는 상황이었다.

빠트나 최고의
합격률을 자랑하다

이제는 수입도 안정적이고 더 이상 굶지 않아도 되었다. 하지만 여기에 대가가 따랐다. 하루 일이 끝나면 모두 지쳐 있었다. 특히 아난드가 더 그러했다. 아직도 오전 내내 빠뻐드 배달을 끝내고 오후와 저녁에는 몇 시간씩 수업을 진행했다. 거기에 더해서 여전히 잠깐이라도 자유시간이 생기면 수학 공부에 열중했던 것이다.

어느 날 저녁 평소처럼 어머니는 아난드가 배달할 빠뻐드 포장을 돕고 있었다. 그런데 아난드가 눈을 뜨고 있는 것조차 힘들어 보이고 얼굴도 어두웠다. 어머니가 손으로 그의 이마를 만져 보았다. 불덩이였다. 어머니가 말했다.

"이렇게 계속할 수는 없어."

"괜찮아요, 엄마."

그가 어머니를 떼어 놓으며 대답했다.

"넌 스물다섯 청년인데, 쓰러질 것 같구나. 더 이상은 안 돼. 네가 아프게 되면 돈이 다 무슨 소용이니?"

땀에 번들거리는 얼굴로 어머니가 말했다.

가족들과 오래 진지하게 대화한 끝에, 학교에 집중하기 위해 빠삐드 장사를 그만두기로 결정했다. 2000년도에 들어서 학교에 등록된 학생 수는 500명이었고 합격률로만 따져도 빠트나에서 가장 성공한 학교였다. 라마누잔 학교가 제공하는 훌륭한 수업과 각별한 지도를 받은 학생들이 IIT 입학시험(JEE)과 그 외의 다른 시험에서 다른 학원보다 높은 합격률을 자랑했다.

게다가 학원들 중 일부가 마피아처럼 협박이나 폭력 같은 행동도 서슴지 않는다는 사실은 공공연한 비밀이었다. 걱정스럽게도 아난드의 등장으로 큰 타격을 입은 학원 중에 여러 곳이 이런 입시교육계 마피아에 의해 운영되는 곳이었다. 이들은 학원이 살아남기 위해 '아난드'라는 문제를 해결하려고 모의하기 시작했다.

2000년부터 아난드, 학교 그리고 건물을 임대해 준 벵갈 출신 건물주에 대한 협박이 시작되었다. 학교가 위치한 땅의 소유권을 뺏으려는 시도로 학교와 건물주를 상대로 소송을 걸어 왔는데, 구체적인 내용도 불분명했다. 한번은 지역 경찰들까지 검찰과 손을 잡고 아난드에게 즉시 학교를 비울 것을 명령했는데 아난드가 거절하자 체포해서 지역 경찰서로 연행하기도 했다.

이런 상황을 알게 된 학생들이 일제히 경찰서로 와서 체포 이유에 대해 해명하라면서 석방시킬 것을 거세게 항의했고 결국 아무 일 없이 풀려나기는 했지만, 이 사건이 끝이 아니었다.

2000년 7월 입시교육계 마피아가 절대 조용히 물러나지 않겠다는 선전포고를 해 왔다. 총으로 무장한 세 명의 폭도들이 학교에 총을 쏘고 사제 폭탄을 던지며 난동을 부렸다. 다시 한 번 학생들이 나섰다. 전교생이 뛰쳐나와 폭도들을 제압했던 것이다. 태어날 때부터 억압받아 울분이 쌓인 젊은 학생들이었기에, 순식간에 그들을 때려눕혀 버렸다. 아난드가 경찰에 신고했고 학생들이 잡은 폭도들은 현장에서 연행되었다.

잠시 고요해진 듯 했지만 입시교육계 마피아들의 적개심은 뚜렷했다. 건물 대지 소송이 심각해지면서 건물주에 대한 압박 또한 심해지기 시작했고 결국 아난드의 학교에 임대를 꺼리는 지경에 이르렀다. 사실 500명의 학생에 비해 건물이 너무 작기는 했으나 가까운 지역에 마땅한 장소가 없는 게 문제였다. 더구나 폭탄 사건 이후 무엇보다 학생들의 안전은 우선적으로 해결해야 할 문제였다.

열심히 장소를 물색한 끝에 아난드는 쿰라르 부근 빠트나 외곽에 있는 넓은 곳을 찾아냈다. 수몰 지역에 모래와 바위를 메워 사람이 살 수 있게 한 곳이었다. 그러나 중심부인 학원가에서 꽤 멀리 떨어진 곳에 있어서 일부 학생들에게는 통학이 힘든 것이 문제였다.

그렇지만 아난드는 자신의 수업이라면 먼 거리도 마다하지 않고 학생들이 계속 찾아올 것이라는 확신이 있었고, 그 예상은 적중했다. 심지어 우기에 물이 무릎까지 찰 때도 학생들이 수업을 들으러 왔다. 그의 교실은 모두의 마음속에 가난한 학생들을 위한 배움의 오아시스 같았다. 새로운 장소는 라마누잔 수학 학교의 성장을 전혀 늦추지 못했으니, 밀려드는 신입생들이 그 증거였다.

시간이 흐를수록 입학을 원하는 학생은 늘어났지만, 아난드는 장소와 교육 자원의 한계 때문에 500명 이상은 불가능하다고 판단했다. 선생님들과 긴 논의 끝에 어쩔 수 없이 입학생을 뽑아야 한다는 결정을 내리고 입학시험을 치르기로 했다. 첫 시험에 놀랍게도 7,500명이 응시하였다.

몇몇 학생은 입학을 위해 뇌물을 쓰려고도 했지만, 아난드와 동생 쁘라나브는 라마누잔 학교의 합격이 오로지 점수만으로 결정된다는 점 한 가지는 지키려고 했다. 아무리 가족을 부유하게 해줄만한 액수를 제시해도 그 어떤 뇌물도 거절했고, 가난한 학생도 다닐 수 있도록 등록금도 다소 낮은 가격으로 정했다. 심하게 가난한 경우에도 잠재력을 보여 주는 우수한 학생들은 등록금을 면제해 주었다.

 2000년 말 라마누잔 학교는 새로운 장소에 확고히 자리 잡았다. 침수된 곳도 있고, 부족한 것도 많았으며, 건물들은 기껏해야 네 군데 벽과 지붕만 있는 절대 완벽하다고는 할 수 없는 장소였다. 그러나 학생들은 배우고자 했고, 우수한 성적을 목표로, 수준 높은 교육을 받아 합격이라는 성공을 향해 노력하고 있었다. 꿈을 이루기 위해 애쓰는 학생들을 위해서라면 어떠한 수고도 마다하지 않고 열정을 다하는 뛰어난 수학자가 가르치는 곳이었다. 학생들은 그에게 배울 수만 있다면 모든 어려움을 이겨낼 준비가 되어 있었다.

 아난드에게 인생이 궤도에 오른 것 같았다. 비하르 출신의 가난뱅이가 무엇을 더 바랄 수 있을까 싶었다. 돈도 충분했고 형편도 나아지고 있었다. 하지만 그때는 아난드 꾸마르의 양심이 그도 아직 모르고 있는 큰일을 이루어 낼 가능성에 대해 속삭이고 있는 것을 아무도 눈치채지 못하고 있었다.

"이 문제를 푸는 다른 방법은 없을까?"

5
Super 30의 탄생

배움이 간절한 아이들

2002년 초 어머니와 함께 아비쉑 라즈(Abhishek Raj)라는 소년이 라마누잔 학교에 찾아왔다. IIT 입학시험 공부를 위해 학교에 들어오고 싶지만 당장은 등록금을 낼 형편이 아니라고 했다. 할부가 된다면 아버지가 감자를 수확하는 대로 나누어서 내겠다고 말했다. 그의 어머니는 아비쉑이 마을학교에서 아주 우수한 학생으로 모든 과목에서 수석이었다는 자랑도 잊지 않았다.

그 당시 등록금은 일 년에 1,000루피였다. 아난드는 우선 소년의 이야기를 더 듣고 싶었다.

아비쉑은 비하르의 작은 마을 라살뿌르(Rasalpur) 출신이었다. 아버지는 가난한 농부여서 일정한 벌이가 없었고 감자 농사로 얼마 안 되는 돈을 마련하는 상황이었다. 그나마 장마로 피해가 잦았다. 그런데도 아비쉑은 마을학교에 다니며 열심히 공부했다. 책상도 의자도 창문도 없는 열악한 환경 따위는 상관하지 않았다. 아비쉑의 아버지는 아들에게 책을 사줄 수 없었고 사립학교에 보낼 형편도 되지 않았다. 하지만 어머니 수다 꾸마리(Sudha Kumari)는 교육받은 사람이었다. 조금이라도 돈을 마련하기 위해 가정교사 일이라도 하려고 애썼다. 라살뿌르에서는 과외를 원하는 집이 흔하지 않았지만 어렵게 찾은 과외 자리로 한 달에 100루피씩 벌었다. 얼토당토않을 정도로 낮은 임금이었지만 달리 방도가 없었다.

아난드는 수다 꾸마리가 그토록 가난한 상황에서도 아들이 공부할 수 있게 애써 온 사실이 놀라울 뿐이었다. 그는 두 모자에게 다음 주부터 새로운 프로그램을 시작할 것이니 일주일 후에 다시 오라고 일렀다.

사실 아난드에게 이런 딱한 이야기는 처음이 아니었다. 끼샨 꾸마르(Kishan Kumar)라는 소년도 아난드를 찾아왔다. 맨발에 찢어진 셔츠를 입은 소년은 등록금은 없지만 엔지니어가 되고 싶다고 말했다.

"빠트나 어디에 살고 있니?"

아난드가 물었다.

"어느 부잣집을 지키는 대가로 공짜로 머무르고 있어요. 하지만 저는 문지기가 아닙니다. 엔지니어가 되려고 빠트나에 왔어요. 매일 공부하고 있습니다."

소년은 또박또박 힘주어 대답했다. 좀 의심스러운 마음에 아난드는 주소를 물어 두었다가 직접 한번 가보기로 했다. 저녁 시간에 주소지로 가 보았다. 끼샨 꾸마르가 문 옆에 앉아서 책을 읽고 있었다. 어두운 시각, 가로등 불빛 아래 공부하고 있었던 것이다. 아난드는 혼란에 빠졌다.

'내가 케임브리지에 갈 돈이 필요할 때 아무도 도와주지 않았지. 내 학교가 가난하고 명석한 아이들을 돕지 못한다면 무슨 의미가 있을까.'

이 일이 그의 머릿속을 떠나지 않았다. 일 년치 수업료인 1,000루피도 지불할 형편이 안 되는 학생이 끼샨 꾸마르나 아비쉑 라즈 말고도 분명 더 많으리라는 것을 깨달았다.

'왜 지금껏 생각하지 못했을까. 아버지는 나에게 더 많은 것을 기대하셨을 거야. 지금 내 학생들 성적이 좋긴 해도 나는 그들이 지불한 요금에 대한 서비스를 제공하고 있는 것뿐 아닌가.'

아난드는 생각에 잠겼다.

'그렇지 않아. 네가 하는 일은 단순히 가르치는 일만이 아니야. 최소한의 돈만 받으면서 의무 이상으로 수백 명의

학생들을 돕고 있잖니!'

머릿속에서 어머니인 듯 또 다른 목소리가 맞서며 말했다.

'그러나 너에게는 보다 더 높은 목표가 있다는 것을 잊지 마라.'

아버지 라젠드라 쁘라사드의 목소리가 더해졌다.

'이제 내가 미쳐가는구나. 내가 무슨 대단한 선생이라고.'

아난드는 고개를 가로저으며 생각을 떨쳐 버리려 애썼다. 그러나 집으로 걸어가면서 정당한 교육을 받지 못하는 가난한 이들을 돕기 위해 무엇인가 해야겠다고 결심했다. 언제나처럼 머릿속을 맴도는 아이디어가 사라질 줄을 몰랐다. 이번만큼은 가족들과 힘을 합하여 꿈을 이루어야겠다는 다짐이었다.

가족,
Super 30의 지원군

"서른 명이나 공짜로 먹일 수는 없어. 네가 자선가라도 되는 줄 아니?"

아난드가 자신의 생각을 어머니와 동생에게 털어놓자 어머니가 말했다. 그러나 아난드는 이제 어느 정도 돈을 마련해 둔 상황이니 가난에 맞서 제대로 변화를 만들고 싶었다. 케임브리지에 가는 꿈이 무참하게 날아가 버린 뒤로, 가난하게 태어났다는 이유만으로 기회를 잃어버린 아이들을 자주 생각했고 그 처지에 공감했다. 그 동안도 그런 상황에 놓인 학생들을 돕고 싶었지만 가능한 수단이 없었을 뿐이었다. 정기적인 수입이 생긴 이상 라마누잔 학교를 더 발전시켜 돈 없고 가난한 학생들을 위해 일하겠다고 결심했다.

아난드는 소외 계층 학생들의 가능성을 가늠할 시험이 필요하다고 생각했다. 상위 30명은 무료로 IIT 입학시험

(JEE) 입시 훈련을 한다는 계획이었다. 그리고 학생들에게는 가까운 곳에 숙소를 마련해 주고, (물론 당시 자세한 방법까지는 세워져 있지 않았다.) 학생들 식사는 밖에서 조달하는 것이 너무 비싸니 어머니께 요리를 부탁할 생각이었다. 서른이라는 숫자도 심사숙고해서 내린 결론이었다. 오십 명은 불가능할 듯 했지만 서른 명은 해낼 수 있을 거라는 느낌이 들었다.*

"어머니, 생각해 보세요. 이미 교육의 힘을 본 적 있으시잖아요. 아버지가 저희들 교육을 위해 열심히 일하신 덕분에 지금 우리가 편안한 생활을 누리는 겁니다. 가난한 사람이 자신의 불운에서 벗어날 방법은 딱 한 가지예요. 교육뿐이죠. 한 명을 교육하면 마을 전체를 발전시킬 수 있어요."

어머니는 아들이 자랑스러웠지만 드러내지 않으려고 조심했다.

"너는 네가 수퍼맨인 줄 아는구나. 도대체 어떻게 하겠다는 건지 모르겠다."

그 순간 듣고만 있던 동생이 불쑥 나섰다.

---

* 당시 주변 학원가에서 1년 수강비가 약 1만~1만5천 루피였다. Super 30은 수강비 무료에 숙식까지 무료 제공했으니, 수익을 목적으로 입시교육을 하던 이들을 포함한 그 누구도 쉽게 할 수 없던 일이었음을 짐작할 수 있다.

"형, Super 30이라고 이름 짓는 건 어떨까?"

형제의 의지가 굳건한 것을 보며 어머니가 말했다.

"좋아. 뭘 하면 될지 생각해 보자."

아난드가 일어나서 어머니의 발에 손을 대며 경의를 표했다. 이 일에 어머니가 빠져서는 안 될 중요한 사람인 것을 알고 있었다.

어머니의 동의로 이름은 Super 30으로 정해졌다. 동생 쁘라나브는 완벽하게 아난드를 뒷받침했다. 그가 행정을 전적으로 맡기로 하고, 아난드는 수업 내용과 학생 선발 과정에 집중하기로 했다. 운영 전반에 걸쳐 생각해야 할 세부 사항이 남아 있었는데, 우선 학생 서른 명을 수용할 수 있는 장소가 필요했다.

"주간 학교면 안 될까, 형? 꼭 기숙 학교일 필요가 있을까?"

쁘라나브가 물었다.

"학생을 빠트나 지역으로 제한하고 싶지 않아. 비하르의 가난한 마을 출신이라면 빠트나에 머무르는 비용을 충당할 수 없을 거야. 돈 걱정이 없어야 공부에만 집중할 수 있어."

아난드가 대답했다. 그는 자신의 생각대로 빠르게 진

행된다는 느낌을 강하게 받았다. 쁘라나브에게 전부 이야기하지는 못했지만 학생들이 불안정한 현실과 분리되어 안전한 곳에서 공부할 수 있어야 한다고 믿었다. 아이들이 학교와 인생에서 성공하려면 많은 상담을 하고 자신감을 가질 필요가 있다고 생각했고, 전면적으로 지도하고 싶었다.

Super 30,
미지의 강을 건너서

2002년 봄, 아난드의 집 옆에 작은 양철 지붕 오두막이 지어졌다. 나무를 칠해 칠판을 만들고 나무 의자와 책상을 준비하여 교실로 사용하기로 했다.

다음으로 할 일은 서른 명의 학생들이 머물 숙소를 구하는 일이었는데, 결코 쉽지 않았다. 초기에는 샨띠 꾸띠르 근처에 학생들이 그룹으로 나누어 지낼 장소를 몇 군데 찾았다.* 그 외에도 필요할 경우 친구였던 의사 B. K. 쁘라사드가 무료로 진찰해 주기로 하였다.

무모하면서도 야심찬 실험인 Super 30이 천천히 실현되어, 이제 현실이 되고 있었다. 학생들의 식사는 하루 두 번씩, 아난드의 어머니 자얀띠 데비가 오두막 구석에 마련된 작은 부엌에서 요리하기로 했다. 조리 도구와 그릇들

---

* 그해 말, 모든 학생들이 함께 머무를 수 있는 호스텔 이용이 가능하다는 것을 알았다.

이 모였다. 식사는 간단하면서도 영양가 있는 음식으로 마련했다. 배고픔이 공부에 걸림돌이 되어서는 안 되니 말이다.

쁘라나브는 운영 담당 매니저로서 프로젝트 관리자가 되기로 했다. 물론 학업 지도는 아난드 담당이었다. 아주 최소한의 인력이었지만 아난드의 열정은 모두의 마음을 사로잡았다. 모든 비용은 라마누잔 수학 학교의 수익으로 충분하다고 확신해 기부금은 받지 않는 것을 원칙으로 했다. 사람들이 기꺼이 도움을 주려고 했지만 아난드는 Super 30이 성공하기 위해서는 장래에 어떠한 부패나 부정이 있어서도 안 된다고 생각했다. 어느 배경인가를 막론하고 재정 지원은 받지 않기로 한 것이다. 사회에서 한 사람의 가치를 결정하는 요소에는 돈만 있는 게 아니라는 것을 어린 제자들에게 보여 주고자 내린 결정이었다. 성공하기 위해서는 오로지 열심히 노력하는 방법뿐이어야만 했다.

가장 중요한 일은 자격을 갖춘 서른 명을 가려내는 방법이었다. 아난드와 지도팀은 우수하고 형편이 어려운 학생들에게 Super 30의 기회가 주어져야 한다고 생각했다. 결정 요인으로는 타고난 적성과 배우려는 열정, 그리고 어

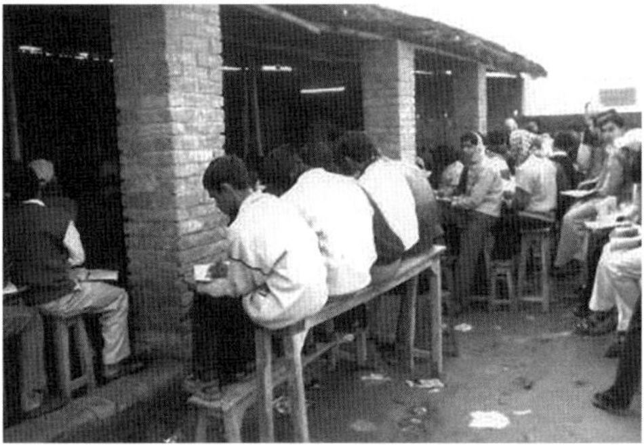

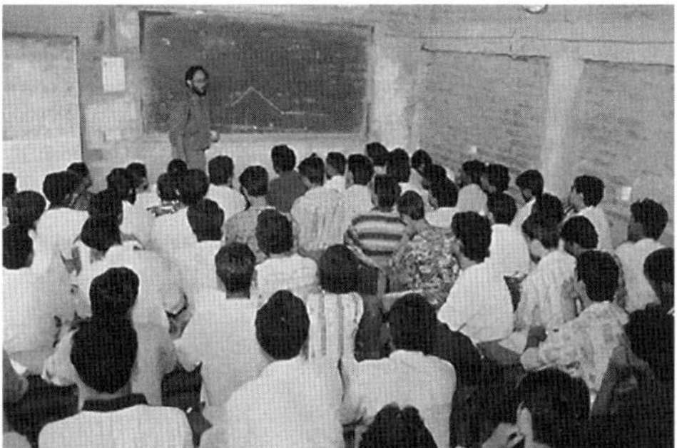

떠한 상황에서도 열심히 하겠다는 의지를 꼽았다. 지난 몇 해 동안 아난드는 여러 똑똑한 학생들이 훌륭한 교육 시스템을 찾아 빠트나로 왔다가 돈이 없어서 기회를 잡지 못한 채 고향으로 돌아가는 모습들을 보아 왔다. 처음 Super 30 프로젝트를 구상했던 이유가 바로 이들을 위한 프로그램을 만들려는 마음 때문이었다.

아난드는 하던 일을 멈추고 몇 번이나 생각에 잠겼다.

'이 일이 정말 가능할까? 지금 당장은 모두들 기대에 차서 일을 진행 시키려고 애쓰지만 무리하는 건 아닐까? 끔찍하게 실패하면 어떻게 하지? 서로 어울리지 못해서 함께 지낼 수 없다면 어쩌지? 서른 명의 안전과 행복을 책임져야 하는 사람은 나 혼자뿐인 거다.'

생각은 꼬리에 꼬리를 물고 이어졌다. 불안한 마음이 없는 건 아니었지만 무언가가 그를 계속 앞으로 나아가게 했다. 그는 아버지의 코트를 생각했다. 라젠드라 쁘라사드가 아들에게 맞게 자랑스럽게 고쳐주신 코트, 아난드는 그 코트에 부끄럽지 않은 사람이 되고 싶었다. 그는 마음을 다졌다.

'네다섯 명만 합격해도 아무도 없는 것보다 나은 일이야. 모두들 잃을 게 없는 상황이지. 나 또한 잃을 거라고는

없어.'

아난드는 선별 시험을 완성하는 일에 몰입했다. 학생들을 뽑는 첫 관문이었다. 시험은 물리, 화학, 수학 각각 10문제씩 30문항으로 결정했다. NCERT(국립중앙교육과학연구센터) 요강에 기초하여 객관식으로 출제하기로 했다. 우선 라마누잔 학생들에게 알리고 주변에 광고해 주기를 부탁했다. 5월로 예정된 Super 30 프로그램의 서른 개 자리를 차지하기 위해 수백 명의 지원자들이 몰려들었다.

초기 몇 년 동안에는 약간 풀기 쉬운 문제들이 출제되기도 했다. 하지만 프로그램이 7~8번 거듭되면서 점점 더 많은 학생들이 Super 30에 들어오기 위해 인도 북부 전역에서 몰려들어서 시험이 점차 어려운 수준으로 발전했다. 2002년에는 시험 장소가 단 한 곳뿐이었지만, 현재는 빠트나, 바라나시, 델리 및 기타 지역을 포함한 북부 인도 전역의 여러 센터에서 시험이 시행되고 있다. 응시료가 50루피로 매우 낮게 책정되었는데, 시험 장소 대여료와 문제지 출력 및 기타 부수적인 비용으로 사용되어 입학 선별고사 과정에서 남는 이윤은 전혀 없다.

처음 선별 고사가 시행된 날, 아난드와 선생님들의 채점을 거쳐서 Super 30 프로그램 1기 서른 명이 결정되었다.

20일 후 서른 명의 이름이 적힌 종이 포스터가 샨띠 꾸띠르 교실 문에 붙었다. 결과가 나왔다. 그렇게 시작이었다.

곧바로 수업이 시작되었다. 도착한 학생들에게는 숙소가 배정되고 매일 식사가 제공되면서 수업 시간표도 주어졌다. 입시까지는 해야 할 일이 너무도 많은 데 비해 시간이 부족했기에 모든 학생들은 일단 시간 관리 방법에 대해 배웠다. IIT 입학시험(JEE)이 정확히 1년 뒤에 있으니 합격을 위해서는 1분 1초도 낭비할 수 없었다.

초반에는 대부분의 학생들이 새로운 환경에 적응하기 힘들어했다. 가족들과의 연락이 수월하지 않고, 낯선 곳이라 불편하게 느꼈다. 또 한 가지 어려운 점은 학생들과 선생님들 모두 처음 만나 서먹하고 어색하다는 것이었다. 모든 단체가 그렇듯이 처음에는 삐걱거리는 것이 당연했다. 다행스러운 점은 모두 똑같은 목표를 위해 모였다는 사실이었다. 사소한 일에 신경 쓸 시간이 없었다.

또래들이 모였음에도 문제를 일으키는 학생은 없었다. 오락거리가 있지도 않았을 뿐 아니라 딴 생각을 할 만한 금전적으로나 시간적인 여유가 없었다. 인도 대 파키스탄의 크리켓 경기만은 예외여서 아난드를 피해 다니며 점수를 알아보려 했다. 교과 과정을 제대로 따라가고 다음 날 수업을 대비해 예습하고 도전과제를 풀기 위해서는 매일 밤늦도록 공부해야 했다. 자유시간이 많지 않았다. 숙제와 개인 공부를 다 하려면 하루 24시간이 빠듯했다. 그래서 시간 관리 능력이 중요할 수밖에 없었다. 당연히 몇몇 학생은 아주 뛰어났다.

아난드와 쁘라나브는 시간이 허락될 때마다 학생들이 편안하게 생활하고 있는지, 공부하는 데 어려움은 없는지 상담하고 다독였다. 열정적인 두 사람의 개인 맞춤 지도는 과연 최고였다. 아난드는 수학을 가르쳤고, 그의 옛 제자들이 물리와 화학을 맡아서 가르쳤다. 프로그램의 전반적인 행정은 쁘라나브가 맡아 관리했다.

처음 몇 주가 지나자 학생들은 서로에게 익숙해지고 Super 30 프로그램에 적응하면서 공부로 채워진 하루 생활에도 익숙해졌다. 이러한 일정은 별다른 변화 없이 지금까지 몇 해가 지나도록 반복되고 있다. 일상적인 하루는 모든 학생들이 교실에 모여 전날 배운 수업 내용과 문제를 복습하는 일로 시작되었다. 식사를 하고 다시 교실에 모이면 아난드 또는 다른 선생님이 와서 그날의 수업을 진행했다. 지금도 Super 30은 이와 똑같이 하루를 시작하고 있다.

프로그램을 시작하고 두 번째 주가 되었을 때 아난드가 학생들과 그룹별로 대화의 시간을 가졌다. 혹시 어려운 문제는 없는지 질문했지만 모두들 아무 말 없이 조용히 있다 수업 시간에 맞추어 각자의 교실로 돌아가 버렸다. 수업할 때 아난드는 늘 교실 앞에 서서 학생들의 얼굴을 보며 강의했다. 수업을 이해하고 있는지, 내용을 얼마나 받아들이고 있는지 반응을 살피는 것이었다. 교실 안이 더워서 그는 언제나 흐르는 땀을 닦기 위해 어깨에 수건을 두르고 있었다. 아난드의 수업방식은 활기차고 표현력이 뛰어났다. 그는 온몸으로 표현했고 분필은 빨리 닳았다.

아난드는 수업 시작부터 계속 질문을 던지면서 도전했다. 그는 자주 이런 질문을 던졌다.

"이 문제를 푸는 다른 방법은 없을까?"

문제의 바탕이 되는 기본을 이해하도록 가르쳐서 한 문제를 여러 가지 방법으로 푸는 것이 가능하도록 하는 방식이었다.

"인생에서 마주치는 문제에는 절대 한 가지 답만 있는 게 아니야. 수학도 마찬가지다."

아난드가 늘 학생들에게 하는 충고였다.

또한 아난드는 수업이 조금이라도 더 흥미롭고 수업에

더 많이 참여할 수 있도록 가상의 두 인물을 만들어 냈다. 첫 번째는 부유한 배경을 가져서 청바지와 브랜드 옷을 입은 도시 소년 리키(Ricky)였다. 두 번째는 전통 의상인 꾸르따와 빠자마를 입은 시골 출신의 볼루(Bholu)였다. 리키는 영어가 유창한 반면에 볼루는 힌디어나 비하르 지역 사투리를 썼다. 유명한 사립학교에 다니는 리키에 비해 볼루는 마을의 공립학교에서 교육을 받았다. Super 30 학생들은 볼루라는 인물에 더 공감했다.

아난드는 리키와 볼루에게 같은 수학 문제가 주어지는 만화 영상을 만들었다. 영상 속에서 리키는 재빨리 문제를 풀고는 아직 문제와 씨름하고 있는 볼루를 놀렸다. 리키가 빈정거렸다.

"난 다 풀었거든. 너희들 공립학교 출신들은 너무 느리다니까. 좋은 지도나 제대로 된 교육을 못 받은 거지."

볼루가 반박했다.

"교육을 돈으로 살 수 있다고 생각하는 거야? 큰 학교에서만 가능하다고 믿지? 배움은 헌신으로 가능해. 네가 푼 문제를 나도 풀었어. 나는 같은 문제를 대수학, 삼각함수, 미적분, 기하학, 그리고 수많은 다른 방법을 통해서도 해답을 낼 수 있어."

볼루는 IIT를 준비하면서 과학을 전공했기 때문에 수학 문제를 일반화할 수도 있었다. 다른 사람들을 위해 관련된 다른 문제를 만들어 내는 것도 가능했다. 영상 마지막에 볼루가 리키에게 물었다.

"자, 이제 말해 봐. 나하고 너 둘 중에 누가 영웅이지?"

아난드는 학생들에게 영상을 통해 두 사람의 차이에도 불구하고 볼루가 리키만큼 훌륭했고, 배운 것을 혼자 해낼 수 있었기에 오히려 더 뛰어날 수 있다는 걸 보여주려고 했다. 리키는 비싼 책, 컴퓨터, 쉽게 배울 수 있도록 고안된 디지털기기를 이용해 공부했지만, 볼루와 Super 30 학생들은 서로 도와가며 오로지 머리만 써서 해답을 구했다. 아난드의 목표는 부유한 학교의 컴퓨터 시설이나 영어 실력 없이도 IIT 입학시험(JEE)에 합격할 수 있다는 자신감을 심어 주는 것이었다. 그는 학생들이 꿈을 크게 갖고 자신을 위해 노력하고 열심히 공부하기를 바랐다. 또한 부의 척도에 따라서 인간의 가치와 존엄성이 정해지는 것이 아니며, 누구나 똑같이 존중받고, 누구에게나 평등하게 기회가 주어져야 한다는 것을 이해시키려고 노력했다.

학생들이 전적으로 아난드를 믿을 수 있었던 이유는 명확하게 수학 개념을 설명하는 그의 수업 능력과 문제 해결 방안 및 그가 가진 세부적인 집중력에 있었다. 그는 학생들에게 IIT 입학시험(JEE) 합격에 필요한 지식을 전달하기 위해서는 효과적인 수업 방식을 개발해야 한다는 것을 알고 있었다. 학생들과 함께 지내면서 그의 수업 스타일은 점점 진화해 갔고 학생들도 그와 소통하면서 수업 내용을 쉽게 이해할 수 있었다.

수업은 하루 종일 진행되었다. 오전 수업이 끝나면 자얀띠 데비와 도우미들이 점심을 준비했다. 주로 짜빠띠와 달 그리고 야채 카레에 쌀밥이었다. 자얀띠 데비는 학생들이 지치지 않고 오후 수업을 계속할 수 있도록 심사숙고하여 식단을 준비하였다. 학생들은 모두 "맛있어요! 훌륭해요!"라고 한목소리로 이야기했다. Super 30에서 공부했던 모든 학생들이 지금까지 그 식사가 항상 만족스러웠다고 말한다. 사실 많은 학생들에게 평생 동안 먹어 본 적 없던 훌륭한 음식이었다. 하지만 부엌이 교실 바로 옆에 위치한데다 요리하는 장작이 젖어 있을 때가 많아 교실로 연기가 들어오는 일도 있었다. 그럼에도 자얀띠 데비의 부지런한 손끝에서 만들어지는 모든 음식은 정갈했고, 그녀의 관리하에 식기와 컵은 반짝반짝 빛이 날 정도로 깨끗했다. 모든 과정이 매일 하루 두 번씩 일주일 내내 지속되었다.

그녀의 이 모든 정성 때문에 지난 몇 년 동안 학생들은 자얀띠 데비를 '어머니'라고 불렀다. 그녀는 2002년 초반 프로그램 시작부터 학생들이 더 바랄 게 없을 정도로 정성을 다했다. 어머니도 아들만큼이나 Super 30의 성공에 기여한 셈이다. 이제는 성공을 이룬 아들들을 볼 때마다 자랑스러울 뿐이었다. 어머니는 샨띠 꾸띠르를 떠나본 적이 없지만 Super 30을 졸업한 학생들이 전 세계로 나가는 것만으로 충분하다고 느꼈다. 꽤 자주 온 가족이 학생들과 같이 식사를 하면서 자얀띠 데비가 엄마처럼 손수 챙겼기 때문에 그 모습은 마치 대가족이 모여 식사하는 것처럼 보였다.

교실과 부엌, 마당까지 다해서 18평 정도밖에 되지 않았다. 이 정도로 보잘것없는 시설에서 그렇게 많은 IIT 입학시험(JEE) 합격자가 나왔다는 게 믿기지 않을 정도였다. 조그마한 땅 주변으로는 호박이 자라고 있었다.

점심 식사 후에는 오후 수업이 3시까지 이어졌고 수업이 끝나면 대부분 근처 숙소로 돌아갔다. 초반에는 하숙집을 이용하기도 했지만 아난드와 쁘라나브의 노력으로 기본 시설을 갖춘 호스텔이 마련되어 모든 학생이 한 곳에 머물렀다. 계단이 좁고 미끄럽기는 해도 벽돌 건물이었다.

대략 15명이 다섯 개의 방으로 나누어 사용했는데, 학생 모두에게 침대와 베개가 제공되었다. 비록 얇은 시트 한 장과 머리를 누일 납작한 베개에 불과했지만 고향 집의 사정에 비하면 호사에 가까웠다. 수도 시설과 고장 나지 않은 변기만으로도 행복했다.

늦은 오후와 저녁에는 그룹으로 모여 숙제로 받은 수학과 과학 연습 문제를 풀었다. 교실 뒤편이나 바닥에 앉은 채 다음 날 선생님께 제출할 숙제를 열심히 했다. 공책 가득 메모를 적고 수식과 공식으로 채웠다. 주변의 거리에서 들려오는 소리에 흔들릴 수도 있었을 텐데 전혀 방해받지 않았다. 얼마나 특별한 기회가 주어진 것인지 직감적으로 알았기에 절대 망칠 수 없었다.

컴퓨터는 한 대도 없었지만 공부하는 데 전혀 지장이 없었다. 학생들은 머리를 맞대고 IIT 입학시험(JEE) 입시 자료를 공부하며 아이디어를 교환했다. 마치 그들 모두 교육 과정을 시작하는 것처럼 살았다.

수년간 많은 사람들이 아난드에게 Super 30의 비결이 무엇이냐고 물어 본다. 학생들이 나누고 있는 진한 우정이라고 답할 수밖에 없다. 하나의 목표 아래, 가혹한 운명에서 벗어날 수 있는 단 한 번의 기회가 주어졌다는 공통점이 있었기 때문이다. 숙제를 끝내기 위해 밤늦은 시간까지 있는 것도 아무렇지 않았고, 저녁 시간이면 졸음을 떨치기 위해 누군가 짜이를 한 주전자 끓이는 일도 일상이었다. 안 풀리는 문제가 있으면 주저 없이 그룹 스터디가 이루어졌는데, 만족할 만한 해답을 찾을 때까지 논쟁하고 토론하면서 논의하였다. 지루해지거나 피곤하다 싶을 때는 모두 몸을 움직이며 방을 돌아다니거나 농담을 주고받다가도 곧 다시 문제에 집중하기를 반복했다.

그룹 학습 활동은 Super 30의 최고 전략이었고 여전히 그 힘이 발휘되고 있다. 단체 안에 속해 있는 힘은 개인도 성장하게 한다. 프로그램이 시작되고 얼마 지나지 않아 주눅들고 수줍어하던 학생들이 당당한 모습으로 변화하기 시작했다. 사회성도 놀랄 만큼 성장했다. 열심히 공부한 결과물도 나오기 시작했고 어려운 문제를 푸는 것이 점점 쉬워졌다. 그들은 갠지스 강가 비옥한 땅에서 작물이 꽃피우는 것처럼 빠르게 함께 자라기 시작했다. 특히 어려운 문제와 씨름하느라 미간에 힘을 주며 집중하던 아이들 얼굴에 마침내 해답을 구했을 때 승리의 미소가 피어나는 것을 흔히 볼 수 있었다. 그들은 공동의 목표를 위해 서로 도우면서 의지했다.

또한 교실이든 기숙사든 어디에 있든지 항상 아버지 같은 아난드가 있었다. 응원하고 격려하고 나누고 달래 주며 이야기를 들어주고 가르침을 주는 사람이었다. 남들보다 뒤쳐졌다고 느낄 때 우러러볼 사람이었다. 그는 학생들이 Super 30으로 오기까지의 상황뿐 아니라 각각의 가정 사정까지 알고 있어서 조언을 아끼지 않았다. 지난 13년 동안 Super 30 프로그램에서 390명이 지도받았는데, 놀랍게도 아난드는 학생들 각각의 이름과 출신 배경, 시험 성적 그리고 현재 어디에서 무슨 일을 하고 있는지까지 기억한다.

학생들이 정신이 해이해지거나 늘어지기 시작한다고 느낄 때면 아난드는 말했다.

"너도, 나도 가난한 집안 출신이다. 우리 상황에서는 불평등을 경험해도 희망과 열정이 있는 한 불평등은 없어야 해. 너 하나뿐 아니라 너의 가족과 이웃이 속한 지역 사회가 가난에서 벗어나는 일이 너에게 달려 있어. 희망을 잃어서는 안 돼."

스와미 비베까난다(Swami Vivekananda)가 한 말을 인용하면서 아난드는 학생들을 격려하기도 했다.

"일어나! 일어나! 목표를 이룰 때까지 멈추지 마."

프로그램에서 생활하는 동안 학생들은 가족들과 연락하지 않았다. 초기에는 아예 휴대폰을 가지고 있지 않았고 지금도 대여섯 명 중에 한 명만 갖고 있어서 간혹 고향 집에 전화할 때 사용하는 것이 전부였다. 대부분의 젊은이들이 즐기는 크리켓 경기나 인도 영화의 재미를 멀리하는 것이 놀라울 수 있지만, 아난드가 학생들에게 늘 얘기하듯이 목표를 이룬 후에 해도 늦지 않을 일들이었다.

이제 사람들 사이에, 일단 Super 30에 소속되어 학업에 성실히 임하기만 한다면 IIT 입학시험(JEE) 입시에 성공할 확률이 높아진다는 확신이 있었다. 하지만 시작 단계였던 2002~2003년에는 아무도 그런 확신이 없었다. 학생들은 미지의 강을 건너는 중이었고 앞장서는 지도자 역시 불안하기는 마찬가지였다. 그렇지만 하루 일상이 시간표대로 자리를 잡고 수업에 대한 선생님들의 열정과 학생들의 불타는 노력이 점점 강화되는 것을 보면서, 아난드는 2002년 처음 디자인한 방식을 따르기로 다짐했다.

해마다 새로운 서른 명이 Super 30 프로그램에 들어와 안정적으로 공부하고 어떤 어려움도 극복한 후 시험에 통과하고 있다. 아난드는 한결 같은 열정으로 응원하고 열심히 가르칠 뿐이다.

누구도 예상하지 못했던 성공

겨울이 서서히 끝나가면서 아난드는 다가오는 입시 걱정에 잠을 설치는 일이 많았다. 시험 날짜까지 아직 시간이 남았지만 합격에 필요한 수업은 모두 마무리했다고 생각했다. 교육과정은 만족스러웠지만 복습할 내용을 마련하면서 남은 몇 달 동안 학생들을 어떻게 준비시킬지 고민했다.

다음 날 아침 교실에 들어서는 순간 다시 가슴이 벅차올랐다. 학생들은 교실에 들어선 첫 날 이후 지금까지 오랜 시간 노력해 왔다. 그들의 헌신과 도전에 용기가 솟았다. 입시일이 다가오면서 그는 학생들과 일대일 레슨을 진행해서 개인적인 불안감을 줄여 주려고 애썼다. 희생이라기보다는 증명하려는 의지였다.

꿈을 이루기 위해 달려온 일 년이 지나고, 마침내 시험 날 새벽이 밝았다. IIT 입학시험(JEE)은 세계적으로 어려운 시험으로 알려져 있다. 150여만 명 이상의 응시생 중에서 오직 만여명만이 합격하기에 아난드 꾸마르조차 운 좋아도 네다섯 명밖에 통과하지 못할 것이라 예상했다.

결과가 나오기까지 며칠 동안 초긴장이었다. 마침내 결과가 나왔을 때 아난드는 믿을 수 없었다. 오랫동안 스트레스를 받은 탓에 순간 기절한 듯 아무 느낌이 없었다. 같이 있던 학생들도 기뻐서 그를 안고 모두 바닥에 뒹굴었다. 열여덟 명이 합격이었다. 18명! 최고점을 기록한 이름을 보는 순간 온 몸에 전율이 흐르는 듯했다. 아비쉑 라즈였다. 주머니에 돈 한 푼 없이 어머니와 함께 찾아와 감자를 수확하면 등록금을 지불하겠다던 바로 그 소년이었다.

자얀띠 데비는 기쁨에 겨워 흐르는 눈물을 담담하게 닦았다. 쁘라나브가 큰 소리로 외쳤다.

"이럴 줄 알았어!"

학교 직원들과 이웃 사람들도 자세한 내용은 모르는 채 서로 얼싸안고 축하하느라 바빴다. 마치 인도가 크리켓 월드컵 결승전에서 파키스탄을 이긴 것 같은 광경이었다. 첫 시도에 60%의 학생이 시험에 통과한 것이다. 나머지 12명도 저명한 학교에 합격했다.*

---

* 당시 빠트나 입시학원에서 IIT에 합격한 학생들은 1천 명 중에 1~2명 정도 나올까 말까 했다. 그런데 Super 30은 첫 30명 중에서 18명이나 합격했으니, 이는 놀라운 쾌거였다.

그 후로 예상하지 못한 일들이 벌어졌다. 아무도 Super 30이 이 정도로 성공할 것을 예상하지 못했었다. 이 첫 시도는 아난드와 그의 꿈을 지지했던 사람들에게는 예방 주사에 불과했다. 비하르 지역에서 기적과 같은 혁신이 시작되었을 뿐이다. 곧이어 신문이나 미디어, 인도 정부 할 것 없이 모두 아난드를 취재하고 싶어 했다. 아난드 꾸마르가 만들어낸 이 마법 같은 비결이 알고 싶었기 때문이다.

"훌륭한 스승은 희망을 불어넣고
상상력에 날개를 달아 주며
배움의 즐거움을 일깨워 준다."

6
인생 역전의 주인공들

폭력과 절망의 환경에서
기적같이 꽃피운 아눕

2013년, Super 30은 인도 뿐만 아니라 세계적으로 알려졌다. 그해 네팔 국경 근처에 살던 18세 소년이 Super 30에 들어오기 위해 이틀이나 걸려서 찾아왔다. 그는 아난드 꾸마르를 만나 Super 30 프로그램의 일원이 될 수 있을 거라고 가난한 노부모를 설득했다. 학교에서 수학 과목에 90% 성적을 냈는데, 부모님을 도와 밭일을 하는 대신 수업을 더 들었더라면 더 잘했을 것이다. 어쨌든 다 지나간 과거일 뿐이었다. Super 30이 그와 가족의 운명을 바꿀 수 있을 것이라 믿으며 빠트나에서의 새로운 생활을 꿈꿨다.

거리상으로는 100킬로미터 정도 떨어진 곳이지만 18시간 이상 걸리는 여정이었다. 수중에 500루피밖에 없었지만, Super 30 프로그램으로 IIT 입학시험(JEE)에 합격하고 졸업 후에 좋은 직장에서 큰돈을 벌겠다는 커다란 포부를 갖고 있었다. 달콤한 미래를 꿈꾸던 소년의 단잠은 오래가지 않았다. 빠트나 도착을 알리는 기차의 경적 소리가 잠든 모두를 깨우고 있었다.

소년은 가방을 메고 손에 작은 상자를 들고서 기대에 부풀어 라마누잔 학교로 갔다. 오전 9시쯤 학교에 도착해, 멀리서 강단 위에서 수업하고 있는 그 유명한 아난드 꾸마르 선생님을 보았다. 학생들이 최대한 집중하며 노트에 받아 적고 있었다. 아무도 주변의 소음에 신경 쓰지 않는 듯했다.

그는 쉬는 시간이 되기를 기다려 아난드 꾸마르에게 다가갔다. 선생님을 만난다는 기대감에 살짝 걱정되고 긴장되어 식은땀이 흘렀다. 쉬는 시간이었지만 아난드가 질문하려는 학생들에 둘러싸여 있어 소년은 무리를 헤치고 다가가야 했다. 마침내 용기를 내어 앞으로 나아가서 오른팔을 들고 선생님을 불렀다.

"아난드 선생님!"

아난드는 곧 처음 보는 학생임을 알아차리고 자신의 사무실에 가 있으라고 손짓했다. 그 뒤 학생들의 질문에 모두 답한 뒤 사무실로 들어와 소년과 마주했다. 대충 짐작은 할 수 있었지만 그는 친절하게 소년에게 무엇을 원하는

지 물었다.

"선생님, Super 30에 들어가고 싶습니다. 도와주세요. 열심히 하겠습니다. 약속합니다."

10년 전 Super 30을 시작하던 순간부터 천 명이 넘는 학생들에게서 들어온 평범한 부탁이었다. 아난드는 청년의 출신과 학교 성적, 재정적인 형편에 관해 물었다. 마지막으로 잠시 말을 멈추고 연민의 마음으로 그를 바라보았다.

"미안하지만 시간을 잘 못 맞춰 왔어요. Super 30 입학 시험에 대해서는 못 들었나요? 올 해 시험은 모두 끝나서 서른 명이 다 찼습니다."

아난드는 소년의 눈에서 엄청난 충격과 절망을 보았지만 다음 해 입학시험에 대한 자세한 정보를 주는 것 외에 할 수 있는 일이 없었다. 불행히도 청년은 다시 고향으로 돌아갈 수밖에 없었다. 하지만 큰 교훈을 얻었다. 무슨 일이든지 제대로 정확한 방법으로 접근해서 열심히 해야만 성공할 수 있다는 것이다.

이 청년의 이야기는 매일 아난드의 마음을 괴롭히는 수천 명 중 한 명의 사연이었다. 물론 그에게도 한계가 있고 모든 사람을 도울 수 없다는 것을 알고 있었지만 그렇다고 누군가를 돌려보낼 때마다 느껴지는 아픔이 줄어들지는 않았다. 그를 찾아오는 대부분의 청년들에게 Super 30이 편견과 빈곤으로 가득찬 마을을 벗어날 유일한 기회라는 것도 잘 알고 있었기 때문이다.

그러나 예외를 만들기 시작하면 규칙이 모호해져 위반하게 될 것이 분명했다. 그는 Super 30을 지키고 싶었다. 은혜로운 마음으로 시작한 프로그램이라고 해서 엄격하지 않을 이유가 없었다. 사실 Super 30의 선별 시험으로 치열한 IIT 입학시험(JEE)을 이겨낼 가능성이 있는 학생들을 뽑을 수 있다고 믿었다. 매년 수백 명의 학생들이 아난드 꾸마르와 함께 공부하겠다는 희망으로 Super 30 입학시험을 치르고, 그 중 수백 명이 거절의 쓴 잔을 마신다. 만일 이를 불공평하다고 느낀다면 그 또한 배워야 할 중요한 교훈이 되는 일이다. 인생이 종종 불공평하다고 느껴지기도 하지만, 인내하며 끈질기게 노력하는 사람만이 자신의 운명을 바꿀 수 있다는 사실을 말이다.

끈기야말로 2009년 Super 30 프로그램에 참여한 한 청년에게는 성공의 열쇠였다. 아눕 라즈(Anup Raaj)는 남들과 달랐다. 그의 인생은 이상하리만치 아난드 인생과 닮아 있었다. 아눕은 비하르의 보드가야와 날란다 사이에 있는 아우랑가바드(Aurangabad) 지역 언덕에 위치한 쩨누우라는 작고 낙후된 마을 출신이다.

아눕의 아버지 람쁘라베쉬(Rampravesh)는 교육을 받은 적은 있었지만 아눕이 어린 시절에는 직장을 구하지 못했다. 그래서 어머니 미나 데비(Meena Devi)가 가정주부로서 최선을 다해도 늘 음식이 모자라 식사로 준비할 수 있는 건 짜빠띠와 달이 전부일 때가 많았다. 람쁘라베쉬는 사업도 해봤지만 역시 실패했다. 쩨누우에서의 미래는 불투명하기만 한데다가, 가족을 먹여 살리는 것도 어려운 상황이니 람쁘라베쉬는 거의 미칠 지경이었다. 매일 일거리를 찾아 거리를 헤매고 다녔다.

비하르에서는 종자를 뿌리고 나서 수확할 때까지 거의 일손이 필요하지 않는 농한기여서, 농사일에 의존해 생활하는 사람들에게는 일거리 찾기가 하늘의 별 따기였다. 람쁘라베쉬가 바로 그런 상황이었다.

8월의 어느 비 오던 날 저녁, 허름한 집 안에서 아눕이 울음을 터뜨렸다.

"왜 그러니?"

어머니가 걱정스러운 마음으로 아들에게 물었다.

"엄마, 먹을 것 좀….'

아눕이 울먹였다. 그러나 집에는 먹을 것이 아무것도 없었다. 미나가 집 안의 모든 냄비와 솥 안을 뒤졌지만 헛수고였다. 바닥에 주저앉아 있는데 소리 없이 눈물이 뺨을 타고 흘러내렸다. 람쁘라베쉬는 더 이상 그런 아내와 아들의 모습을 보고 있을 수만은 없었다.

"나가서 어떻게든 달과 차월이라도 구해 올게."

그가 일어서며 말했다.

"쌀이라도 구해 오세요. 끓여서 같이 소금 하고 먹을 수 있을 거예요."

미나가 남편에게 말했다. 람쁘라베쉬는 고개를 끄덕였지만 대출업자도 더 이상은 빌려주지 않는 신용이라 어디서 쌀을 구할지 걱정이었다.

"장작을 구해서 아궁이에 불 좀 지펴 놓고 물 끓이고 있어. 그때까지는 돌아올게."

그렇게 미나에게 이르고 집을 나섰다.

30분 정도 걸려서 준비를 마치고 물을 끓였다. 물이 끓기 시작했다. 장작이 다 타버리고, 물이 식었다. 그러나 남편은 돌아오지 않았다. 점점 걱정되기 시작했다. 배고픔에 걱정까지 더해져 불안함이 커져만 갔다.

해가 떠오르자마자 아눕의 어머니가 직접 남편을 찾아

나서기로 했다. 아눕의 어린 시절부터 아우랑가바드 지역의 여러 마을들에는 생존을 위해 노력하는 사람들을 괴롭히는 여러 다른 문제가 있었고, 지금도 여전하다. 지난 50년 동안 이 지역은 테러와 정치적 폭력으로 가득 차 있었다. 찢어지는 가난과 굶주림, 파벌과 마찰로 얼룩진 생활에 시달리다 못해 급진적인 모택동주의에 빠지는 사람들이 있었다. 스스로를 낙살라이트라고 부르던 그들은 정기적으로 공무원들이나 경찰을 죽이고 부유층 사람을 납치해 돈을 요구하기도 한다. 배신하는 사람들을 죽이는 것도 흔한 일이다.

낙살라이트들이 그 지역 사람들 사이에 살고 있었지만 누구인지는 사실 잘 모른다. 마을 사람들은 그들이 활동할 때면 붉은 깃발이 표시되어서 그 지역들을 피해 다니거나 죽음의 위험을 감수해야 한다. 약탈하려는 작전을 알고 있어도 그걸 목격하려고 머물러 있지 않았기에 낙살라이트의 정체를 파악하기는 어려운 일이다. 붉은 깃발이 거두어지면 모두 집 밖으로 나와 일상으로 돌아간다. 바로 이 문제 때문에 관광객들은 여기를 피해서 보드가야와 부처님 성지 순례지를 방문한다.

그날 미나는 낙살라이트 지역으로 가서 남편의 행방을

수소문했지만 아무런 답을 얻을 수 없었다. 지역 경찰서로 찾아가 사건을 의뢰했지만 별다른 도움을 얻지 못했다. 살아 있다면 스스로 돌아올 거라는 답이 전부였다. 그 후로 아눕과 미나는 다시는 람쁘라베쉬를 보지 못했다. 당시 아눕의 나이는 아홉 살이었다.

그때까지 아눕은 학교에 다닌 적이 없었다. 대부분의 시간을 농장에서 보내거나 가족들 심부름을 하며 보냈다. 가족 살림에 보태려고 곁눈질로 쌀을 경작하는 법을 배우거나, 농장에서 가게로 자루 옮기는 일을 했다. 가끔씩 나무 그늘에서 낮잠을 자기도 했지만 언제나 가족의 다음 끼니를 위해 일하느라 바빴다. 책들은 가끔 사진을 확인하기 위해 훑어보는 것이었고 대부분 내용은 전혀 이해되지 않았다.

아버지의 실종이 소년의 가슴에 많은 의문과 큰 구멍을 남겼다. 세월이 흘러도 그는 자주 아버지에 대해 생각했다. 아버지의 실종에 아직 의문스러운 점이 많았지만 답은 하나도 없었다. 미나는 아들을 교육 시켜야겠다고 결심하고 마을학교에 다닐 수 있도록 준비했다. 그러나 학교 교실은 작았고 선생님도 모자랐다. 학생들은 수업 시간 동안 흙바닥에 앉았는데, 교육 수준도 깨지고 고르지 않은 바닥과 같았다.

반면 쩨누우 마을에서는 학생들과 선생님이 한 지붕 아래에 모여 있는 것만도 큰 성공으로 여겨졌다. 10년 전에는 상상할 수도 없던 일이기 때문이다. 마을 사람들은 그저 선생님들이 고마워 곡물이나 채소, 달걀, 우유 등을 선물했다. 아눕은 학교에 들어가 중간 정도 성적으로 7학년에 진학했다. 그때쯤 아눕은 학교공부에 진심이었다. 먼 거리를 비가 오거나 홍수가 나고 어떤 장애물이 있어도 등교할 정도로 열심이었다. 매일 쩨누우의 흙길을 걸으며 사라져 버린 아버지를 생각했다.

굳은 결심 덕분에 그는 비하르 시험에서 84.8%의 성적을 이뤘다. 모든 기준에서 뛰어난 성적이었다. 온 마을이 자랑스러워했고 축하 행사가 며칠 동안 계속되었다. 이번에도 미나는 눈물을 흘렸지만 기쁨의 눈물이었다. 불행하게도 수입이 거의 없는 가정 형편이라는 가혹한 현실에 기쁨마저 오래가지 못했다. 아버지의 지도나 돈이 없다면 더 이상의 고등 교육은 불가능해 보였다.

하지만 아눕과 미나는 포기할 수 없었다. 둘이서 힘들었지만 힘껏 돈을 모아서 가야대학에서 11학년을 마쳤다. 역시나 다시 열심히 공부해서 아눕은 81.8%의 우수한 성적을 냈다. 그런데 미나에게는 알리지 않고, 어머니의 돈 문제를 조금이라도 덜어 주기 위해 지역 택배회사에 취직하기로 하였다. 아눕이 이런 결정을 내린 걸 알게 된 미나는 화를 내면서 아들을 말렸다. 아들에게 교육에 집중해야 한다고 강조했다.

다른 많은 학생들처럼 아눕도 일단 **빠트나**로 와서 수많은 코칭 기관의 학원비를 조사해 보았다. 전체 비용이 2년 동안 10~20만 루피 정도로 감당하기 힘들 만큼 비쌌다. **빠트나** 시내 거리를 걸으며 게시판에 붙은 학원 광고를 살폈다. 어떤 곳은 높은 성적을 광고하였고 또 어떤 곳은 유명한 강사를 강조했다. 성공한 학생들의 사진과 간증으로 광고 효과를 노리는 곳도 있었다. 아눕은 어디로 정해야 할지 몰라 혼란스러웠다. 게다가 그런 학원에 갈 만한 비용도 없는 상태였다. 결국 쩨누우로 돌아가 어머니와 의논했지만, 어머니는 아들이 포기하는 것을 원하지 않았다.

아들과 함께 **빠트나**에 온 미나는 비하르 주의 국회의원인 니띠쉬 꾸마르(Nitish Kumar)를 만나 아들이 엔지니어가 될 수 있도록 도와줄 프로그램이 있는지 의논하려고 하였다. 의원 사무실에 도착했을 때 친절한 직원이 국회가 운영하는 프로그램은 없으니 대신 Super 30을 찾아가 보라고 했다. 그러고는 아난드 꾸마르에게 연락해 보라며 전화 번호와 주소를 써주었다.

"만약 Super 30에 들어갈 수 있다면 비용에 관련된 모든 문제는 해결될 겁니다. 그분은 수업, 식사, 숙소, 그 어떤 것에도 요금 지불을 요구하지 않아요."

지난 몇 년 동안 아눕이 들었던 말 중에 가장 위로가 되는 말이었다. 사무실을 나서는 아눕은 한줄기 빛을 보는 듯했다.

두 모자가 곧바로 아난드 꾸마르에게 전화해서 약속을 잡고 만나러 왔다.

"빠트나에 온 지 얼마나 되었습니까?"

아난드가 물었다.

"나흘째입니다, 선생님."

미나가 대답했다.

"어디에서 머물고 계시나요?"

"숙소는 없어요. 하루 종일 학원에 대해서 알아보고 다니다가 밤이 되면 기차역에 신문지를 깔고 잠을 잤어요. 말린 병아리콩과 쌀 튀밥으로 끼니를 때우고 수돗물을 마셨습니다."

그녀는 햇빛이 쏟아지는 뜨거운 날씨에 맨발이었는데

도 얼굴에 짜증이나 긴장한 기색이 없었다. 오히려 희망에 찬 그녀의 결단력에 아난드가 놀랐다. 그녀는 정말 아들이 우수하고 꼭 성공할 것을 굳게 믿고 있었다.

"세상이 참 이상하지. 누구는 최고급 학교에서 공부하면서도 페이스북이나 파티에 더 관심이 있는데, 여기 이렇게 전혀 다른 세상이 있으니."

아난드는 진심으로 감동받았다.

"Super 30 선별 고사가 5일 후에 있습니다. 실력이 된다면 합격할 겁니다. 우리는 학생들의 적성을 봅니다. 문제는 기본적으로 중급 수준이지만 개념을 묻는 질문입니다."

아난드의 말에 미나는 시험을 면제해 달라고 부탁했지만 아난드는 절대 예외는 없다고 강조했다. 닷새 후 아눕은 시험에 응시했고, 아슬아슬하게 떨어지고 말았다. 그는 절망에 빠졌다.

그러나 아난드는 웬일인지 아눕에 대한 생각을 떨칠 수가 없었다. 그의 아버지의 실종과 빈곤한 생활, 쩨누우에서 낙살라이트의 공포 속에서 고군분투한 삶 등 아눕에 대해 알아보았다. 아눕이 살아내기 위해 어떻게 버텨 왔는지, 또한 그의 투쟁 같은 삶에서 젊은이들의 위대한 회복력을 알게 되었다. 아난드는 아눕에게 IIT 입학시험(JEE)에서 성공하는 데 필요한 자질이 있다고 생각하며, 재능 있지만 가난한 젊은이를 돕기 위해 규칙을 약간 바꾸기로 결정했다고 말했다. 심사숙고한 끝에 아눕을 받아 주기로 한 것이다. 예외를 만드는 일이었지만, 그가 시험에 응시했고 아주 근소한 차이로 떨어진 것이었으므로 불합격이라고 하기에는 정말 아까워서 내린 결정이었다.

그동안 다른 누구에게도 예외를 허락하지 않던 아난드가 아눕을 위해서 예외를 둔 것은, 쩨누우 같은 지역에서 똑똑하고 앞날이 유망한 젊은이가 갈 수 있는 길이 지극히 제한적이라는 것을 깨달았기 때문이다. 폭행이 난무하는 그런 마을에서 아눕 같은 청년이 얼마나 쉽게 폭력적인 길로 빠질 수 있을지 쉽게 예상할 수 있었다. 영리하고 야망이 있는 만큼 폭력 조직의 수장이나 극단적 공산주의자가 되어 살해나 납치로 돈을 만들 수도 있는 일이었다. 그런 예가 과거에도 있었을 것이다. 아난드는 그동안 얼마나 많은 젊은이들이 그런 잔혹한 길로 빠졌을지 고려했고, 아눕만큼은 그렇게 되지 않도록 꼭 도와야겠다고 결심했다.

결과적으로 아눕은 쩨누우 지역에서 사건을 일으키는 문제적 인물이 되기는커녕 그 주변 지역의 어린 소년들에게 희망의 본보기가 되었다. 그는 IIT 입학시험(JEE)에 우수한 성적으로 합격하여 IIT 뭄바이에 입학하였다.

2010년 5월 빠트나에 전국 정당들이 하루 동안 전국적인 파업을 요구하는 정치적 갈등이 있었다. 만약 실제로 시위가 계획대로 진행된다면 모든 것이 중지될 수밖에 없는 상황이었다. 공교롭게도 Super 30 입학시험 날짜가 바로 파업하는 날과 겹쳐서 아눕을 포함한 수천 명의 학생들이 조마조마한 마음으로 기다리는 중이었다.

아니나 다를까 파업 중이라 대중교통도 모두 중지되어서 학생들은 어떻게든 다른 방법으로 빠트나에 있는 방끼뿌르(Bankipore)여자고등학교에 도착해야만 했다. 담벼락 같은 장애물을 넘기도 하고, 제때에 시험장에 도착하기 위해 수일 전에 집을 나서는 학생도 있었다. 또한 돌을 던지는 폭력 시위를 걱정해 경찰이 통행을 제한하거나 금지한 지역도 있었다.

다행히 파업을 선도하는 많은 정당의 지도자들 사이에서도 Super 30의 인기가 상식처럼 통해서 미래의 유권자들이기도 한 Super 30 응시생에게는 통행권을 주기도 하였다. 따라서 파업으로 빠트나의 심장부가 쥐 죽은 듯이 조용한 가운데 방끼뿌르여자고등학교에는 수백 명의 학생들이 모여서 시험을 치렀다. 시험장에는 경찰관도 없었다. 아눕을 비롯해서 모든 학생들이 아무 문제없이 시험을 끝낼 수 있었다.

Super 30에서의 종합적인 교육 경험은 아눕을 다른 사람으로 바꾸어 놓았다. 사실 아눕 한 사람에게만 혁신적인 영향을 끼친 것이 아니었다. 그의 성공은 쩨누우의 다른 청년들에게도 교육의 중요성을 일깨우고, 절대 눈앞의 빠른 해답이라고 폭력을 선택해서는 안 된다는 메시지를 주고 있다.

아눕 라즈의 이야기는 아난드 꾸마르와 그의 동료 선생님들에게 배우기 위해 샨띠 꾸띠르로 찾아온 젊고 가난했던 390명의 이야기 중에 하나일 뿐이다. 지난 13년 동안 390명 중에서 333명이 IIT 입학시험(JEE)을 통과했다. 인도의 어느 입시 학원에서도 이루어 내지 못한 일이었다. 더구나 매해 절실함과 포기하지 않겠다는 희망 하나로 찾아오는 학생들의 배경까지 고려한다면 그들이 이루어 낸 성공은 기적과 같은 일이다.

다큐멘터리 주인공이 된
릭샤 운전수의 딸 니디

또 한 명 빛나는 인물은 니디 자(Nidhi Jha)였다. 삼륜차(autorickshaw)운전수 수니 자(Suni Jha)의 딸 니디는 바라나시(Varanasi) 출신이었다.

수니 자에게는 딸 넷과 아들 한 명이 있었다. 그의 한 가지 꿈은 자식들이 그가 운전수로서 겪어 왔던 끝이 보이지 않는 가난을 겪지 않는 것이었다. 그렇지만 아이들에게 사립 교육을 시킬 만한 돈이 없었다.

니디는 사나탄다람국제대학(Sanatan Dharam Inter College)에 입학했다. 신입생 때부터 낡은 중고 교과서로 몇 시간씩 열심히 공부하는 우등생이었다. 10학년 시험을 통과했을 때는 상상할 수 없을 정도로 기뻤다. 많은 부모님들이 동네 사원에서 매일 기도하는 내용처럼 이제 그녀도 더 큰 성공을 위해 노력해도 되겠다는 확신이 생겼다. 사실 그녀는 부모님이 아들이 의사가 되게 해 달라거나 엔지니어가 되게 도와달라고 기도하는 소리를 자주 들었다. 그녀는 상담이나 정식 과외 지도 없이 오로지 낡은 중고 참고서만으로 IIT 입학시험(JEE)을 준비했다. 하지만 결과는 좋지 않았다. 불합격이었다.

그녀의 꿈이 산산조각 나고 말았다. 눈물과 울분이 가득한 마음으로 어쩔 수 없이 공립대학 과학 학사 과정에 들어가기로 했다. 그러던 어느 날 신문에서 Super 30에 대한 기사를 읽었다. 희망을 잃어 생기 없던 그녀의 두 눈이 다시 반짝거렸다. 그녀는 빠트나로 가서 Super 30 입학시험을 통과하고 프로그램의 일원이 되었다. Super 30 프로그램에는 남자 아이들보다 여자 아이들이 훨씬 적어서 그녀는 아난드의 가족이 되어 생활했다. 자얀띠 데비를 '할머니'라고 부르면서 오로지 공부에 집중했다. 삼륜차를 모는 아버지와 넘킨(namkeen, 짭짤한 과자)을 파는 할아버지 그리고 가족들 생각이 날수록 더욱 공부에 매달렸다. 간혹 자얀띠 데비가 함께 TV를 보면서 쉬는 게 어떻겠냐고 말하면 이렇게 답했다.

"할머니, 앞으로 놀 수 있는 시간은 충분해요. 지금 같은 기회는 다시 없을 거예요."

결과가 나왔다. 합격이었다. 단바드 인도공과대학교

(ISM: Indian School of Mines)에 공학 전공으로 입학했다.

프랑스 감독 빠스칼 쁠리손(Pascal Plisson)이 니디의 이야기를 다큐멘터리 영화로 만들었다. 영화가 2015년 개봉되었는데, 파리 시사회에 아난드와 쁘라나브, 니디의 가족이 참석하였다. 가족들에게는 믿기지 않는 현실이었다. 딸 덕분에 바라나시에서의 가난한 삶으로는 상상할 수도 없던 새로운 세상을 경험하였다.

아난드와 쁘라나브는 파리의 길거리에서 니디의 사진 포스터를 보면서 제자가 이루어 낸 인생에 대해 벅찬 감정을 누를 수 없었다.

하나 남은 땅을 팔아 지원한
아버지의 희망, 알록

알록의 아버지 사뗀드라 쁘라사드 싱(Satyendra Prasad Singh)과 그의 가족 이야기도 무척 인상적이다.

소작농이던 사뗀드라는 갖고 있던 전 재산을 털어서 물소 한 마리를 샀다. 가족을 먹여 살리기 위해 이웃과 지역 상인들에게 우유를 팔았지만 그리 많은 돈은 벌 수 없었다. 버팔로 말고 가진 거라고는 손바닥만 한 땅이 전부였고, 버팔로를 먹이고 키우는 것만도 버겁고 힘든 일이었다. 장마 때마다 홍수로 땅이 물에 잠겨 버려서 버팔로 우유를 팔아 생계를 유지하는 일도 녹록치 않았다.

너무나 당연하지만 사뗀드라 쁘라사드는 아들 알록만은 가난에 시달리지 않기를 바랐다. 거듭되는 실패로 자포자기하여 어떻게든 가난에서 벗어나 보려고 가지고 있는 땅을 팔기로 했다. 마을 사람들이 자살 같은 행동이라며 말렸지만 그에게는 가족과 가까운 친구들에게만 이야기한 비밀스런 목적이 있었다. 땅을 판 돈으로 빠트나로 가서 알록을 마을학교보다 더 나은 학교에 보내려고 했다. 마을 학교의 교육이 지푸라기처럼 별 효과 없는 수준인 것을 알고 있었기 때문이다.

사뗀드라의 계획은 그를 실망시키지 않았다. 알록을 학교에 보내느라 굶주려야 할 정도의 가난과 싸워야 했지만 대신 나아질 수 있다는 희망을 가질 수 있었다. 알록은 학교를 졸업한 후 Super 30 과정을 끝내고 IIT에 합격하였다. 현재 그는 파워 그리드(Power Grid)에서 엔지니어로 일하고 있다. 명절에 알록이 고향에 올 때면 동네 아이들 모두 그의 곁으로 모여든다. 알록 이후로 거의 버려지다시피 했던 마을학교도 출석률이 좋아졌다. 사뗀드라 쁘라사드는 여전히 버팔로 우유를 팔지만 아들 덕분에 이제는 예전처럼 형편이 어렵지도 미래를 걱정하지도 않는다.

여러 가지 면에서 학생들은 Super 30 프로그램 과정을 통해 상위 팀이라면 겪을 수밖에 없는 시련과 역경, 기쁨과 환희를 경험하였다. 서른 명은 함께 공부하고, 함께 생활하고, 같이 즐기고 웃으며, 싸우기도 하고, 화해도 하고 개인사까지 나누며, 팀으로 함께 날아오르기도 하고 가라 앉기도 했다.

팀에 당연히 훌륭한 코치가 있는 것은 손해가 아니다. Super 30 프로그램이 이어져 오면서 아난드의 가족이 학생들에게 훌륭한 롤모델이었다. 꾸마르 가족의 바른 의지와 평안한 공감 능력은 학생들이 믿고 기댈 수 있는 든든한 언덕이 되었다. 또한 학생들 모두 선생님이 보여 주는 장점을 자신의 생활에도 적용해서 더욱 성장해 나아갔다.

샤시 나라얀(Shashi Narayan)

2004년 Super 30에 참여했고, IIT 카라그뿌르(kharagpur)에서 컴퓨터 공학을 전공했다. 현재 에든버러대학교 연구원이다.

저의 경력을 돌이켜보면 Super 30 멤버가 된 것은 제 인생을 바꾸는 사건이었습니다. 처음 IIT 입학시험(JEE)을 준비하기 위해 빠트나로 온 지 두 달이 채 되지 않아 방향을 잃고 당황했던 기억이 납니다. 부유하지 않은 가정에 태어났지만 저를 위해서는 그 무엇도 안 된다 하지 않고 지원해 주신 부모님께 감사한 마음입니다. 부모님의 격려 덕분에 Super 30의 일원이 될 수 있었고, 그 후로 제가 이룬 모든 것은 Super 30 덕분입니다.

빠트나를 비롯해 많은 지역에는 잠재력이 있음에도 합당한 지도를 받지 못하는 저소득층 학생들이 많이 있다고 생각합니다. 그들에게 Super 30은 천국 같은 프로그램입니다. 공부하기 편안한 환경과 열정적이며 따뜻한 지도에, 좋은 친구들까지 얻을 수 있습니다. 이 모든 것이 공짜로 주어집니다. 어디로 가야 할지 모르던 두려움에서 자유로워지고, 배경과는 상관없이 성공할 수 있다는 가능성을 믿게 됩니다. 특히 저에게 이런 내적 용기는 너무도 특별했고, 이 모든 것이 아난드와 Super 30으로부터 나온 것입니다. 꼬타 공장의 결과물이 되지 않고 Super 30 같은 훌륭한 프로그램에 속할 수 있었던 것은 저에게 아주 큰 행운입니다.

Super 30을 졸업하고 저는 IIT 카라그뿌르에 진학하여 컴퓨터 공학을 전공했습니다. 아난드 선생님은 늘 저에게 계속해서 깊이 공부하라고 말씀해 주셨지요. 그분의 축복으로 저는 지금도 열심히 공부하고 있다고 생각합니다. 현재 저는 세계적으로 유명한 에든버러대학교에서 연구 조교로 일하고 있습니다.

Super 30의 성공이 정말 자랑스럽습니다. 가까운 미래에 저소득층 학생들을 위한 Super 30 같은 기관이 더 많이 그리고 좀 더 다양한 분야에서 성장하기를 바랍니다.

치란지브 꾸마르(Chiranjeev Kumar)

2010년 Super 30에 참여했고, IIT 바라나시(BHU)에서 컴퓨터공학을 전공했다. 현재 어도비 시스템즈(Adobe Systems)에서 일하고 있다.

저는 제가 살던 마을에서 10학년까지 공부했습니다. 농사를 지으시는 아버지와 삯바느질하시는 어머니는 형편상 초등교육만 받을 수 있었습니다. 저희 마을은 바그마띠(Baghmati) 강과 가까워서 매해 홍수가 났고, 우리 가족은 몇 달(5월부터 7월) 동안 댐 위에서 생활해야 했어요. 저는 정말 열심히 공부해서 수업료나 과외 지도 없이 10학년에서 81.8% 성적을 냈습니다. 하지만 빠트나과학대학교에 진학하고 싶었지만, 그 성적으로는 불가능했어요. 꿈은 산산조각 나 버렸고, 더구나 제게는 공과대학 입학시험을 위해 공부할 돈도 없었습니다. 그때 운 좋게도 Super 30을 알게 되고 첫 번째 시도에서 선발되었어요.

아난드 선생님의 지도는 정말 훌륭했습니다. 선생님은 아주 어려운 문제들을 풀 수 있는 7~8가지 방법을 가르쳐 주셨는데, 설명할 때면 선생님이 만들어낸 유명한 만화 캐릭터 볼루와 리키가 등장했어요. 이처럼 어려운 문제를 지도하는 선생님의 수업 방식은 너무나도 훌륭해서 저는 그분의 팬이 되었습니다. 무상으로 받은 Super 30의 교육과

지도 덕분에 저는 첫 시도에 IIT 바라나시(BHU) 컴퓨터 공학부에 합격할 수 있었습니다.

처음 몇 달 동안 제가 이토록 좋은 환경에서 공부한다는 것이 믿기지 않을 정도였습니다. 4년에 걸쳐서 기술 분야의 모든 방법과 언어를 배우는 데 열중했습니다. 대학을 졸업한 뒤에는 어도비 시스템즈(Adobe Systems)에 입사했습니다. 어떤 지역 어느 언어로도 효율적으로 작동할 수 있는 웹사이트(helpx.adobe.com)를 구현하는 내부 소프트웨어의 구성요소인 코드를 개발합니다. 저는 진심으로 기술이 세상을 바꾼다고 믿으며, 이를 가능하게 하는 아난드 선생님 같은 분을 존경합니다.

니디 자(Nidhi Jha)

2013~2014년 Super 30에 참여했고, IIT 단바드에서 도시공학을 전공했다. 현재 IIT 첸나이에서 수학공학 석사과정 중이다.

이 모든 이야기는 제가 열여섯 살일 때 시작되었어요. IIT 입학시험(JEE)을 치른다는 큰 꿈이 있었지요. 때마침 Super 30과 아난드 선생님의 명성에 대해 들었고, IIT 입학시험(JEE)을 준비하던 첫 해에 프로그램을 견학할 기회를 얻었어요. 저는 바라니시 거주자로, 현재는 곧 IIT로 전환될 예정인 단바드 인도공과대학교(ISM: Indian School of Mines)에서 공부하고 있습니다.

우리 가족은 1남 4녀이고 아버지는 삼륜차 운전수이며 어머니는 전업 주부입니다. 모두 알다시피 교육 분야는 굉장히 큰 시장이고 학원비는 엄청나게 비싸요. 그래서 저희 가족에게 Super 30은 구원과도 같았습니다.

아난드 선생님은 우리 모두에게 한결 같이 격려해 주셨습니다. 누군가 의기소침해 있을 때면 언제나 응원해 주셨어요. 그분은 제 인생의 아이돌입니다. 선생님 덕분에 언제라도 잘 해낼 수 있는 용기를 가질 수 있었습니다. 선생님의 가족 분들, 특히 쁘라나브 선생님도 많은 도움을 주셨고 학생들 모두를 가족처럼 대해 주셨습니다.

마지막으로 Super 30에 감사드리고, 아난드 선생님과 Super 30 모든 분들이 제 인생에서 가장 중요하고 특별한 분들임을 고백합니다.

모하메드 아퀴부르 라만(Mohammed Aquibur Rahman)

2008년 Super 30에 참여했고, IIT 단바드, IM 아메다바드에서 광산기계공학을 전공했다. 현재 cardekho.com 마케팅 매니저로 일하고 있다.

"훌륭한 스승은 희망을 불어넣고 상상력에 날개를 달아 주며 배움의 즐거움을 일깨워 준다."

브래드 헨리(Brad Henry)가 한 말입니다. 이보다 더 아난드 선생님께 딱 맞는 표현은 없을 것입니다. 선생님은 제가 수학의 개념을 깨닫게 해 주셨고, 큰 꿈을 꾸고 그 꿈을 이루도록 북돋아 주셨습니다. 제가 문맹률이 높은 지역 출신이기에 우리 가족 어느 누구도 지금의 저를 상상할 수 없었습니다.

아난드 선생님은 항상 기본에 충실해서 가르치셨는데, 교실에서 재미있고 활발하게 진행하신 수업 방식은 시간이 지난 지금도 수학 공식이 또렷이 기억날 정도로 효과적이었습니다. 훌륭한 수학 수업 외에도 아난드 선생님의 인생 수업 덕분에 우리는 처한 환경과 시간의 어려움에 구애받지 않고 목표를 달성하기 위해 나아갑니다. 그분은 외면당하고 짓밟힌 사람들의 우상이지요. 아난드 선생님은 학생들에게 주변 환경에 상관없이 해낼 수 있다는 자존감을 세워준 분입니다.

쉬방기 굽따(Shivangee Gupta)

2012~2013년 Super 30에 함께했다. IIT 루르키(Roorkee)에서 화학공학을 전공했다. 현재 미국 캘리포니아 다트머스 컬리지 엔지니어링 매니지먼트를 이수하고 루시드 모터스 인턴으로 근무 중이다.

저는 깐뿌르(Kanpur) 근처 마을에서 왔고, 가난한 가정 출신입니다. 아버지가 가판대에서 신문과 잡지를 팔아서 다섯 가족을 부양했어요. 저는 공립학교에서 교육을 마치고 큰 행운으로 빠트나로 와서 Super 30에서 IIT 입학시험(JEE)을 준비하게 되었습니다.

프로그램에 들어온 후 선생님 댁에 머무르면서 공부했는데, 모두들 저를 가족처럼 대해 주었습니다. 우리는 모두 숙식을 포함해 무상으로 교육을 받았습니다. 배움과 경험으로 가득한 오래 기억될 한 해였습니다.

매일매일 이론 수업을 받고 나면 집으로 돌아가서 공부할 숙제가 있었습니다. 아난드 선생님의 수업은 굉장한 동기 부여가 되었어요. 선생님이 들려주시는 선배들의 성공담도 우리들이 쉬지 않고 노력할 수 있는 계기가 되었습니다.

선생님이 가르치시는 방식에 대해 얘기해 본다면, 어떤 한 가지 수학 문제의 정답을 유추할 때면 우선 여러 가지 각도에서 문제를 파악하고, 같은 정답을 얻을 때도 항상 다양한 방법을 시도해 보도록 지도하셨습니다. 이론 수업에서는 선생님이 직접 다양한 해법을 보여 주셨어요. Super 30에서는 화학과 물리 과정도 있었는데, 이런 학문적인 부분 외에도 훌륭한 사람이 되어가는 배움이 컸습니다.

저는 IIT 입학시험(JEE)을 통과했고, 지금은 IIT 루르키 3학년으로 화학 공학을 공부하고 있습니다. 처음 IIT에 입학해 등록금을 낼 수 없는 상황일 때도 Super 30의 신용 덕분에 은행 학자금 대출을 받는 것이 가능했습니다. 이 모든 도움 외에도 아난드 선생님은 제가 Super 30을 졸업하고 3년이 지난 지금까지도 학업과 생활에 영감을 주고 좋은 방향으로 이끌어 주십니다.

Super 30 프로그램과 아난드 선생님으로부터 받은 모든 가르침과 도움에 깊이 감사드립니다.

아비쉑 라즈(Abhishek Raj)

Super 30을 시작한 첫 해인 2003년에 참여했다. IIT 카라그뿌르에서 지구물리학을 전공했고, 현재 모스크바 슐롬베르거에서 지구물리학자로 일하고 있다.

저는 비하르에서 멀리 떨어진 라살뿌르 마을에서 태어났어요. 우리 가족은 비하르의 소작농이었습니다. 비하르 샤리프에서 학교 과정과 중급 시험을 마치고 IIT 입학시험(JEE) 준비를 위해 빠트나로 왔습니다. 흥미롭게도 저는 일반적인 방법으로 Super 30의 일원이 된 것이 아니었어요. 합격할 수 있는 등급이 못 되었기 때문입니다. 그러나 다른 IIT 입학시험(JEE) 입시 준비를 위한 비용을 마련할 방도가 없어서 아난드 선생님께 상담한 결과 운 좋게 Super 30을 위한 시험 반에 들어갔고, 거기서 좋은 성적을 내어 결국 정식으로 프로그램에 합류했습니다.

프로그램에서 다함께 공부하던 경험은 너무나도 새로웠습니다. 아난드 선생님은 음식, 숙박, 개념 수업 등 필요한 모든 것을 제공해 주셨어요. 제가 교육받았던 대부분의 선생님들이 이론에 집중한 반면 아난드 선생님은 문제 해결에 집중하셨습니다. 한 가지 주제를 중심으로 기본 문제들의 개념을 정리하고 발전시켜 나가는 수업은 그분만의 방식으로 아주 독특했어요. 매주 학생들의 취약한 주제나 어려운 부분을 파악해서 집중적으로 공부하는 팀을 조직했습니다. 아난드 선생님은 'JEE 입학시험 합격, 인생의 성공'이라는 목표를 이루기 위해 경쟁이 가능한 환경을 만들어 냈습니다. 저를 비롯한 수백 명의 학생에게 이런 기회를 주신 아난드 선생님께 감사드립니다. Super 30을 통해 매일 수만 명의 학생들이 꿈을 향해 나아가고 있다고 생각합니다.

아눕 라즈(Anup Raaj, Anup Kumar)

2010년 Super 30에 함께했다. IIT 뭄바이에서 도시공학을 전공했고 기술학 학사다. 현재 PSTakeCare의 공동창업자이면서 최고기술경영자다.

Super 30를 통과한 후 인터뷰를 하고 호스텔에 숙소를 배정받았습니다. 저는 그곳을 평생 절대 잊을 수 없습니다. 공부하기에 정말 완벽한 공간이었습니다. IIT를 포함해서 그 어떤 학교도 그보다 더 완벽한 공간을 제공할 수는 없을 거라고 확신합니다. 하얀색 타일 바닥은 시간이 흐르면서 우리들이 사용한 마커 때문에 파란색으로 바뀌었어요.

그때가 제 인생의 변곡점이었습니다. 비하르 주에서 11등을 했지만 앞으로 제 인생이 어디로 나아갈지 아무것도 몰랐습니다. Super 30은 저의 생명줄이었습니다. 그때부터 단 한 번도 뒤돌아본 적이 없습니다. 무슨 일이 다가올지 기다릴 뿐이었어요.

모든 학생들은 각자 장단점이 있었습니다. 우리 모두 IIT 입학시험(JEE)이라는 결승선을 넘기 위해 서로 도왔습니다. 아난드 선생님은 선생님만의 넘치는 에너지로 우리들을 채워 주셨습니다. 우리들도 그 에너지를 받아 14시간을 연속으로 공부하는 루틴을 만들어냈어요.

Super 30이 제 인생을 바꾸었습니다. 저를 책 읽는 사람으로 만들었습니다. 지금의 저는 한 달에 비즈니스 서적을 네다섯 권씩 읽습니다. 특히 리키와 볼루 이야기는 저도 할 수 있고 시험에 합격할 수 있다는 믿음을 주었습니다. 지금도 저 자신의 배경과 상관없이 불가능할 게 없다고 믿고 있습니다.

아난드 선생님이 저의 스승이자 친구이며 안내자가 되신 것과 같은 행운은 다시 없을 것입니다. 글로 다 쓸 수 없을 정도입니다.

Super 30에서 배운 인생 교훈으로 글을 마무리하고 싶습니다.

"어려운 상황 속에서도 절대 너 자신을 믿어야 한다."

"마음속에 있는 의지력이
성공을 향한 추진력입니다."

7
더 밝은 미래"

보이지 않는 적들의 위험

2003년, 전례 없는 결과 이후 아난드는 훨씬 커진 용기와 새로운 열정으로 Super 30의 새 팀을 선발하는 과정에 돌입했다. 그렇지만 칭찬으로 가득한 신문 기사 때문에 반갑지 않은 지저분한 문제들이 고개를 들이밀기 시작했다.

빠트나의 학원 사업은 치열한 경쟁으로 악명 높은 상황이었다. 원인은 단순하면서도 복잡했다. 일단 아난드 꾸마르가 스타 수학 강사로 인도에서 최고의 경쟁상대로 떠오른 것이다. 당연히 수학 교습을 시작하는 학생들에게 그가 첫 번째 선택이 될 수밖에 없었다. 하지만 아난드는 의연한 태도로 그저 지도하는 일에만 더욱 힘쓸 뿐이었다.

그런데 지역 교도소에서 출소한 수감자 갱단 흉악범들마저 이 사업에 관여하면서 더욱 위험한 상황으로 바뀌었다. 그의 이름은 험한 세력들 사이에서도 유명해져 있었다. 비하르의 깡패들도 두려워서 피하는 흉악범 조직은 심지어 교도소 철창 안에서도 세력을 가지고 있을 정도여서 강요나 협박은 아주 쉬운 일이었다.

2003년의 어느 날, 아난드와 쁘라나브가 그들을 방문한 사촌 비벡 싱(Vivek Singh)과 이야기를 나누고 있었다. 갑자기 전화가 울렸고 비벡이 수화기를 들었다.

"여보세요?"

"선생 바꿔. 끔찍한 악몽이 전화했다고 전해."

"누구십니까?"

"내가 누군지 모르나?"

갱단 폭력배가 이름을 밝히더니, 빨리 선생이나 바꿔, 라며 재촉했다.

왜 이런 사람이 전화를 하는지, 아난드는 걱정스러웠다. 쁘라나브가 대신 비벡에게서 수화기를 받아들었다.

"네, 무슨 일입니까?"

그러나 전화는 그냥 끊겼다.

다시 전화가 울렸다. 이번에는 아난드가 전화를 받았다. 폭력배는 마구 소리를 지르면서 아난드를 협박하고 욕하기 시작했다. 아난드가 대꾸했다.

"네가 누군지 알아. Super 30에 들어오지 못한 학생이

지? 어째서 다른 사람인 척 하면서 나를 협박하는 거지? 창피하지도 않니? 경찰에 신고할 거다."

그러고는 화가 나서 수화기를 내려놓았다. 전화가 다시 울렸다.

"선생, 내가 누군지 몰라보네? 내가 당신 인생을 망쳐 놓겠어."

아난드가 훈계하려고 했지만, 쁘라나브가 전화기를 뺏어 들었다. 수화기를 통해 폭력배가 욕설을 쏟아 놓았다.

"아난드 꾸마르에게 전해. 가난한 자의 구원자인 척 굴지 말라고. 학교를 닫지 않으면 죽여 버릴 테니. 당신 할 일이나 하고 부자들은 우리에게 남겨둘 것이지, 성자 행세는 그만하라고."

전화를 건 사람은 실제 폭력배가 확실했다. 아난드는 망연자실했다. 두렵고 떨리는 일이었다. 쁘라나브가 형을 달랬다. 떨고 있는 그를 다독이며 용기를 주었다.

"형, 걱정하지 마. Super 30은 계속해야지. 이 일은 경찰에 신고하고, 일단 어찌 될지 보자. 그런 쓰레기한테 굴복할 수는 없어."

4~5년 후에 안 사실이지만 한 IGP*가 빠트나를 떠나 델

---

* Inspector General Police의 약자로, 경찰청 고위급 간부직으로 청장, 차장 다음의 세 번째 고위직이다.

리로 옮겼을 때, 아난드의 명성이 올라가는 것을 우려한 정치인과 고위 관료가 폭력배를 사주하여 협박 전화를 걸게 했던 것이다.

2003년 그해 바로 집 앞에서 아난드가 공격당하는 일이 생기면서 공포는 더 심해졌다. 직원인 문나가 출근길에 복부를 여러 번 찔리는 공격을 당했다. 공격당하면서도 끝끝내 폭력배가 학교로 들어가지 못하도록 문을 막았는데, 문나의 찢어지는 듯한 비명 소리에 안에 있던 학생들이 모두 그를 구하기 위해 달려 나왔다.

Super 30 학생들과 이웃들까지 50명 이상의 사람들이 심하게 피를 흘린 문나를 병원으로 옮겼고, 병원에서는 학생들이 자원해서 그가 수혈받을 수 있도록 헌혈에 나서기도 했다. 어느 누구도 병원을 떠나지 않고 그의 안전을 기도했다. 문나도 자신이 살아날 수 있었던 것은 아난드 꾸마르를 비롯한 모든 학생들의 기도 덕분이라고 믿고 있다. 문나의 배에 남은 흉터야말로 아난드가 일상에서 직면하는 위험을 상기시키는 경고와도 같다.

그 후로 아난드는 어디를 가든 비하르 경찰서 측에서 보내준 무장 경찰관 두 명의 보호를 받게 되었다. 이는 비하르 DGP*에서 내린 결정이었다. 이미 비하르는 위험 지역으로 악명 높은 상태여서, 혹시라도 아난드 꾸마르의 신상에 해가 되는 사건이 발생한다면 도시 치안에 큰 타격이 되기 때문이었다. 그러나 보호 조치는 점점 느슨해졌다가, 2005년 니띠쉬 꾸마르(Nitish Kumar) 정부가 주도권을 가지면서 다시 영구적인 보호 조치로 바뀌었고, 보안이 강력해지면서 개인 협박은 사라졌다.

---

* Director General Police의 약자로, 주 또는 연합주의 경찰청 최고위직으로 내각이 임명하며, 3성급에 해당한다.

해외와 국내에서
명성을 인정받다

　　　　　　　　다음 해인 2004년에는 IIT 입학시험(JEE)을 통과한 학생 수가 18명에서 22명으로 늘어났다. 2005년에는 숫자가 더 올라가서 26명이었고, 2006년, 2007년에는 각각 28명이 그 어려운 시험에 통과했다. 소문은 점점 무성해졌다. 누구나 아난드 꾸마르가 부리는 마법의 공식을 알고 싶어 했다. 정작 아난드 본인은 빠르고 쉬운 지름길을 원하는 사람들이 감동하기에는 너무도 단순한 공식이라는 것을 알았다. 아무리 아난드가 강조해도 믿으려고 하지 않았지만 정말 학생들을 향한 아난드의 믿음과, 자신이 처한 환경에 굴하지 않겠다는 의지로 열심히 공부하는 학생들의 열정이 다였다.

　2005년 NHK 방송이 처음으로 Super 30에 관한 다큐멘터리를 방영한 이후 일본에서 큰 주목을 받았다. 2007년에 다시 Super 30 다큐멘터리를 제작하기 위해 전 미스 일본 출신인 노리카 후지와라(Norika Fujiwara)라는 여배우가 방문하기도 했다. 빠트나에서 이루어지고 있는 아난드의 노력에 깊이 감동받은 후지와라의 영향으로 Super 30은 전 인도 미디어에 커다란 반향을 일으켰다.

2015년에는 두 명의 학생이 동경대학교 대학원에 전액 장학생으로 뽑히기도 했다. 여러 해 동안 Super 30이 일본의 여러 다큐멘터리 소재로 등장하였고, TV 채널 NHK 저널리스트가 쓴《인도의 충격》(Indo No Shougeki)이 일본의 유명 출판사 '부샨 Bhushan'에서 출간되기도 하였다. 이렇게 일본에서는 Super 30이 유명해지기 전부터 인도 수학자의 비전에 찬사를 보내며 Super 30이 추구하는 바를 지지했다.

세간의 이목이 아난드에게 쏠렸고, 그의 성과가 널리 알려졌다. 이미 인도 언론은 아난드에 대해서 잘 알고 있었다. 그가 매해 놀라운 결과를 만들어 내고 있는 것을 주시하면서, 가는 곳마다 새로운 바람을 일으키고 있다는 것을 익히 알고 있었다. 2008년에는 처음으로 서른 명 모두 IIT 입학시험(JEE)에 합격했다. 믿기지 않을 정도로 좋은 결과였다. 그러나 똑같은 결과를 2009년에도 이뤄냈다. Super 30이 기적같은 결과를 다시 달성했다. 그 해에 베로니카

홀이 제작하고 크리스토퍼 미첼이 감독한 Super 30에 관한 다큐멘터리가 디스커버리 채널에서 방영되었다.

2010년에도 3년 연속으로 Super 30 서른 명 모두가 합격하는 쾌거를 이루었다. 같은 해 버락 오바마 대통령의 특별 사절인 라샤드 후세인이 방문하여 Super 30을 세계 최고의 교육 기관이라고 칭하기도 하였다.

"Super 30은 인도 최고의 교육 기관입니다. 카스트 제도와 종교적 신념과는 무관하게, 미국의 버락 오바마 대통령이 교육에서 꿈꾸는 것과 같은 변화를 이루어 낸 하나의 본보기입니다."

미국 대통령 특별 사절이 이슬람협력기구에서 이렇게 연설했다.

그 후 여기저기서 감사 인사와 공로를 인정하는 인사가 물밀듯이 들어왔다. 더 많은 사람들이 아난드의 성공과 그동안 애써온 내용을 알게 되면서, 언론에 자주 오르내리거나, 기사 내에서 인용되거나 하는 형태로 그의 성과를 격려하는 일도 많아졌다. 타임지는 Super 30을 2010년 아시아 최고의 학교로 선정했고, 뉴스위크지도 세계 4대 혁신적인 학교 중의 하나로 뽑았다. 또한 프랑스 감독 파스칼 피송이 2014년 JEE 합격생인 니디 자(현재 단바드

ISM[*] 학생)에 관한 영화 〈빅 데이〉(The Big Day)를 제작하였다. 인도에서는 쁘라까쉬 쟈(Prakash Jha) 감독[**]이 영화 제작에 앞서 아난드에게 조언을 구했다. 아미따브 밧찬(Amitabh Bachchan), 사이프 알리 칸(Saif Ali Khan), 디삐까 빠두꼰(Deepika Padukone)[***]이 주연한 영화 〈아락샨〉(Aarakshan)(2011)은 카스트 제도라는 전통적인 시스템에서 교육을 다루었다. 영화에서 밧찬이 연기하는 주요 배역 쁘라바까르

---

[*] ISM은 India School of Mine(인도광산대학교)의 줄임말이다. 단바드에 있던 인도광산대학교(ISM)는 현재 IIT Dhanbad(인도공과대학 단바드 캠퍼스)로 전환되었다.

[**] 쁘라까쉬 쟈(Prakash Jha)는 브라흐만 출신의 1952년생 영화배우 겸 감독, 시나리오 작가 및 영화제작자로 비하르 주에서 태어났으며 1982년 다큐멘터리 〈스리 봐츠〉(Shree Vats)로 데뷔했다. 정치 및 사회 정치 영화 작품으로 유명하며 〈강가절〉, 〈어빠란〉, 〈라즈니띠〉, 〈써띠야그라허〉, 〈아락샨〉, 〈더러운 정치〉(Dirty Politics) 등과 같은 작품을 남겼으며, 내셔널필름어워드(국립영화제)에서 다큐멘터리 〈폭풍 후의 얼굴〉(1984), 〈소날〉(2002)을 비롯해 8개의 작품들이 수상한 바 있고 최근 OTT 작품으로는 〈아쉬람〉이라는 작품으로 수상했다.

[***] 아미타브 밧찬 : 인도 영화계에서 '안성기'와 같은 존재로 현재까지도 꾸준하게 작품 활동을 하고 있는 인도 영화계의 대부이며, Big B라고 불린다. 그의 부인 자야 밧찬은 배우이자 정치인으로 인도의 2대 국가 훈장 '빠드마 쉬리'를 수훈한 것으로 유명하다. 그의 아들 아비쉑 밧찬은 미스 인디아 출신의 영화배우 아쉬와리야 라이와 결혼한 후로는 대형 영화배우 집안인 '밧찬 패밀리'로 공고해졌다.
- 사이프 알리 칸 : 1970년생 영화배우이자 제작자로 타고르 집안의 여배우 어머니와 크리켓 선수 아버지 사이에서 태어났다. 볼리우드에서 가장 많은 출연료를 받는 배우 중의 한 명으로 2012년 유명 여배우 까리나 까뿌르와 결혼해 더 유명해졌다. 그의 전처 아므리따 싱 사이에서 태어난 딸 '사라 알리 칸' 역시 영화배우로 활약하고 있어 인도 볼리우드의 주요 영화배우 집안 중의 하나를 이루고 있다.
- 디삐까 빠두꼰 : 1986년생으로 덴마크에서 태어나 뱅갈로르에서 자랐으며, 10대 시절 배드민턴 선수를 한 경력이 있다. 큰 키와 외모로 인도 국민들의 사랑을 받는 톱 배우 중의 하나로 다양한 작품에 출연했는데, 옴샨띠옴, 러브 아즈 껄 등을 비롯해 유명 감독 산제이 릴라 반살리의 영화 〈람-릴라〉, 〈바지라오 머스따니〉, 〈빠드마봐띠〉 등에 출연해 크게 흥행했으며, 영화에서 함께 파트너로 호흡을 맞추었던 란비르 싱과 결혼해 화제가 됐다. 그 외에도 필름페어 어워드에서 2회 수상했고, 2018년에는 타임지 선정 100인의 영향력 있는 인물에 선정된 바 있으며, 2022년에는 타임지 선정 임팩트상 100인에 선정됐다. 지금도 인도 국민들에게 사랑받는 여배우 10위 내에 빠지지 않는 배우다.

아난드(Prabhakar Anand)는 저소득 계층의 학생들에게 수학을 가르치는 선생님 역할이었다. 아미따브 밧찬은 아난드 꾸마르를 모델로 한 배역이라고 말하기도 했다.

"나는 '빅(Big) B'(아미따브 밧찬의 별칭)와 사이프(Saif)에게 저소득 계층 학생들을 가르치는 수학 선생님 연기를 어떻게 감독해야 할지 그야말로 난감했습니다. 그래서 아난드 선생님께 부탁했어요. 만나는 걸 승낙하셨죠."

감독이 말했다.

"그분의 독특한 스타일 덕분에 일이 수월해졌습니다. 도와주셔서 정말 감사하죠."

감독이 덧붙여 한 말이었다. 아난드는 영화 감독을 만날 때 아미따브 밧찬과 사이프 알리 칸의 연기에 도움을 주기 위해 자신의 수업 영상을 촬영한 테이프를 가지고 갔다. 학생뿐만 아니라 어느 누구라도 배우고자 한다면 돕겠다는 아난드의 독보적인 의지를 알 수 있는 대목이었다.

미약한 시작에서 출발한 사람으로 이만큼의 결과를 낸 것이 대단한 일이기도 했지만, 영광의 꽃은 언제나 가시가 함께 돋는 법이다.

2010년 아쌈 주의 장관인 따룬 고고이(Tarun Gogoi)가 Super 30을 방문하고 많은 감동을 받았다. 그런데 흥미롭게도 방문 직후 Super 30 이름으로 기부 요청 전화를 받았다. 안타깝게도 장관실 직원이 아난드 꾸마르에게 사실 확인을 하지 않은 채 기부금을 보내 버려서, Super 30을 사칭한 사기꾼이 꽤 큰 액수의 기부금을 수석 장관에게서 갈취한 것이었다. Super 30을 지지하는 사람들로부터 돈을 얻어 내려는 사기 행각은 이 사건이 처음이 아니었다. 다시 아난드는 Super 30이 어떤 기부금도 받지 않으며 오로지 라마누잔 수학 학교에서 나오는 이윤으로만 운영된다는 것을 여러 번 강조하였다.

모방은 최고의 찬사라는 말이 있다. 사실 지난 10년 동안 더 많은 아난드 꾸마르가 있었다면, 그래서 Super 30이 10년 동안 이뤄낸 것 같은 결과를 이룰 수 있다면 정말 멋진 일이겠다. 그러나 아직까지는 비하르 어디에도 Super 30, 즉 무료로 수업, 숙소, 식사를 제공하는 기관은 없다. 안타깝게도 학원 사업에 수익성이 좋으니 순진한 학부모와 학생들을 끌어들이기 위한 교묘한 수법들이 등장하였다. Super 30의 명성이 올라가면서 그 인기에 편승하려는 학원들이 빠트나 지역에 늘어났다. Super 50, Super 100, Super 20 같은 이름의 광고가 하루가 다르게 동네 벽보에 나붙고, 마치 Super 30의 자매학원이라도 되는 것처럼 사람들을 헷갈리게 만들었다. 저렴한 등록금을 제시하는 곳도 있지만 무상으로 숙식과 수업 일체를 제공하는 곳은 없었다. 아난드 꾸마르의 시스템을 따라하는 것은 불가능했다. 결론적으로 모두 오래가지 못하고 전부 흔적도 없이 사라져 버렸다.

아난드 꾸마르의 개인 웹페이지에 Super 30 프로그램은 오직 빠트나의 산띠 꾸띠르 한 곳에서만 운영된다고 게시되어 있다. 아울러 같은 페이지에 Super 30 운영 자금을 절대 대중에게 요구하거나 받지 않는다고 명시하고 있다.

또 한 가지 아난드를 슬프게 만드는 일은 사람들이 Super 30 프로그램이 카스트에 근거해서 학생을 선별하기 때문에 특정 계층을 위한 인원수가 미리 배정되어 있을 거라고[*] 추측하는 오해였다. 절대 사실이 아니며, 오로지 학생의 재정 형편만이 판단 대상으로 참고되었다.

---

[*] 인도 교육 체계 및 공무원 선발 체계에는 계층간의 차별을 방지하고자, 취약계층과 같은 기준을 설정해 인원수를 할당하고 있다. Super 30도 동일 기준을 갖고 있을 것이라는 오해에 대해 밝히는 이유가 이 때문이다.

교육의 격차를
개선하려는 노력

아난드는 거의 매주 대학교,
회사, 정부 기관 등에 강연 초청을 받는다. 수업에 방해되
지 않는 한도에서 되도록 많은 곳에 가서 강연을 하려고
노력한다. 그는 자신이 Super 30의 얼굴이며, 교육만이
실직 상황, 비하르 같은 곳에서 보게 되는 도시 범죄율, 카
스트에 대한 편견 및 국가적으로 수많은 문제를 일으키는
빈곤에 대한 해답임을 알리는 것이 얼마나 중요한지 깨닫
는다.

예전에 자전거를 타고 오면서, 거대한 배낭에 짓눌려 집
으로 돌아오는 가난한 학생들을 본 적이 있다. 그들은 에
어컨 시원한 버스에 탄 학생들과는 눈빛마저 다르다는 것
을 느꼈다. 그는 형편의 차이가 나아지리라는 희망 없이
간극이 점점 커지고 경제적 격차도 확대되는 것을 본다.
확실한 해결책은 공평하게 교육의 기회를 제공해서 격차

를 줄여 나가는 방법뿐이다.

2010년 교육받을 권리(RTE: Right to Education)가 시행되면서 인도 국회의 조항 21A 항목에 따라 6살에서 14살까지 무상 의무 교육이 실행되었다. 이상적으로는 이 법에 따라 모든 아이들이 고등교육을 받을 수 있도록 어린 시절 적절한 학습을 보장해야 한다. 또한 출석률을 높이기 위해 '점심 식사' 제도도 도입되었다. 해마다 이루어지는 교육 통계 보고(ASER)에 따르면 2014년 전국 학생 등록률이 96.7%에 달했다.

그러나 인도 농촌 지역의 공립학교 상황에서는 수업의 수준이 문제였다. 2015년 알라하바드 법원은 정부 관료 직원이라면 자녀를 공립학교에 보내야 한다고 판결하였다. 수준을 평균적으로 높이려는 목적이었다. 법원은 90%의 학생이 소속된 기본 공립 교육의 수준이 너무 낮다는 판단이었지만 실제적으로 담당 공무원은 관심을 갖지 않는 상황이었다.

교육 통계 보고에 따르면 96.7% 등록률에도 불구하고 5학년 두 명 중 한 명 미만이 2학년 교과서를 읽을 수 있었다. 사실 2013년의 47%보다는 약간 증가한 결과지만 여전한 상태였다. 기본 산수 능력은 감소했다. 8학년

44.1%만이 나눗셈을 아는 수준으로, 2013년의 46%에서
대부분의 지역이 감소된 결과였다.

Super 30의
숨은 공로자들

조직의 승패가 본질적으로
관련자들에게 달려 있다는 것은 너무나 분명한 사실이다.
Super 30도 마찬가지였다. Super 30이라는 프로젝트가
시작된 첫 날부터 모든 직원들이 각자의 분야에서 프로젝
트의 성공을 위해 기본적인 역량을 쏟아냈다. 조직을 위한
완전한 헌신, 꼼꼼함, 정직, 특히 일에 맞춰 자신의 시간을
유연하게 조정해준 것들도 포함해서 말이다. 결과를 보아
도 Super 30의 전 직원이 함께 일한 덕분에 인도 내에서,
아니 세계에서 단연코 가장 성공적인 교육 기관으로 뽑힐
수 있었다.

마찰은 거의 없고 성공률은 높았다. Super 30 학생들이
모두 본인의 목표를 이루었다. 물론 학생들 본인의 노력
과 수고의 결과기도 하지만 무엇보다도 아난드 꾸마르, 쁘
라나브 꾸마르와 자얀띠 데비가 이끄는 가족 팀의 힘이 컸

다. 학생들을 향한 가족의 헌신은 그 무엇과도 바꿀 수 없는 것이었다. 그들에게는 모든 일에서 프로그램에 속한 학생이 우선이었다. 학생들은 매일매일 선생님들과 시간을 함께하면서 가르침을 받았는데, 이런 보살핌은 프로그램을 떠난 뒤에도 계속되었다. 어느 누구도 목표를 잊고 방황하는 일이 없었다. 심지어 IIT 입학시험(JEE)에 실패했어도 언제든지 선생님의 도움과 조언을 얻을 수 있다는 것을 알고 안도하였다.

IIT 입학시험(JEE) 합격 이후에도 Super 30의 지원은 끝나지 않았다. 애초에 부유하지 않은 출신이었기 때문에 합격했다고 등록금, 기숙사비, 식비, 부대비용 등 4년 간 IIT에서 지불해야 할 교육비용에 대한 부담이 사라지는 것은 아니었다. 아난드 꾸마르는 누구보다 이러한 어려움을 잘 이해할 수 있었다. 따라서 어떻게든 학자금 지원을 받을 수 있도록 여러 가지 방법을 동원해 도왔다.

초반에는 학생들 모두 신용 등급이 낮아서 은행 대출이 어려웠다. IIT 등록금은 최근 인상까지 되어서 하루 한 끼도 버거운 학생들에게는 엄두가 나지 않는 액수였다. 게다가 은행의 등록금 대출이 된다 해도 수업이 시작되기 전에 4만 루피의 상담료를 지불해야 하는 어려움이 있었다.

이 상담료는 학생이 대학에 등록하기 전에 지불하는 금액이어서 은행의 등록금 대출에는 포함되지 않는 것이 아이러니였다. 과거에는 이런 상황에 놓인 학생들이 벼랑 끝에 몰린 심정으로 고액 이자를 내야 하는 사채업자를 찾는 일도 있었다.

아난드는 Super 30을 성공적으로 졸업한 학생들이 공부를 계속하기 위해 탐욕스런 사채업자들의 덫에 걸려드는 일을 알게 되었다. 그는 주저 없이 IIT 입학시험(JEE)에 합격한 Super 30 학생들을 지원할 방법을 구상했다.

꾸마르 형제의 친한 친구인 마니쉬 쁘라탑 싱(Manish Pratap Singh)은 자르칸드(Jharkhand) 주의 수도 란치(Ranchi)시 인도 유니온은행 지점장으로, 오래 전부터 학생들이 IIT 등록금 때문에 4년 내내 어려움을 겪는다는 것을 알고 있었다. 그는 상담료 문제를 해결할 수 있도록 Super 30 프로그램이 은행과 연계를 맺는 아이디어를 아난드에게 제안했다. 즉 원래 학자금 대출을 신청하려면 입학 증명서를 제출해야 하는데 상담은 입학 전에 이루어지기 때문에 은행에 제출할 증명서가 없었다. 이 상황은 은행이 대처하기 어려운 일이라, 2015년 3월 아난드가 재정부 노동조합 장관 자얀뜨 신하(Jayant Sinha)를 만나 학자금 대출에 상담료

를 포함시키는 문제를 의논했다. 장관은 적극적으로 아난
드의 의견에 동의하면서 은행이 학생들에게 유연하게 대
처하도록 했다.

2015년 IIT에 합격했지만 상담료를 지불할 수 없던 라
주(Raju)와 브리제시(Brijesh) 형제 이야기가 미디어에 기사
로 실렸다. 아킬레쉬 야다브(Akhilesh Yadav), 스므리띠 이라
니(Smriti Irani), 라훌 간디(Rahul Gandhi) 등의 정치인들이 나
서서 형제의 상담료를 면제해 주었다. 지금은 IDBI은행과
유나이티드은행 그리고 인도 유니온은행을 비롯한 여러
은행이 학생들의 부담을 덜어 주기 위해서 학자금 대출에
상담료를 포함하고 있다.

학생들을 위한 돈을 중요하게 여기지만 아난드 자신은
돈에 연연하지 않는다. 사실 지난 여러 해 동안 큰돈을 벌
수 있는 많은 기회가 있었다. 그의 프로젝트가 성공하기
를 바라는 선한 후원자들이 시설을 넓히거나 안정적인 운
영을 하도록 큰 액수의 후원금을 제안하기도 했다. Super
30의 첫 졸업생이 나오던 순간부터 광고 효과를 노리는
상업적인 제안도 많았다.

돈 때문에 Super 30과 제자들의 승패가 결정되게 할 수
없다는 아난드의 결심은 라마누잔 학생들에게도 기억되었

다. 라마누잔을 졸업한 라즈니쉬 꾸마르는 과학 분야가 아닌 경제학을 선택하여 법학까지 전공한 후 뭄바이에서 애곤(Aegon)생명보험회사의 법률 매니저가 되었다. 그 뒤로 관심을 가지고 동기들이 악용되는 경우를 조사하기도 했다. 그리고 아난드와 Super 30에 법률 자문이 필요한 경우에는 자원해서 도왔다. 꽤 성공을 이뤘지만 원리 원칙을 거르지 않는 아난드의 대쪽 같은 정신을 존경하는 마음에서였다.

"세월이 흘러도 하나도 변하지 않으셨어요."

라즈니쉬가 말했다. 아난드가 여전히 학생들과 함께 식사를 하고 같은 동네에 살면서 똑같은 하루 일상을 보내는 것을 예로 들었다. 심지어 아난드가 입는 옷도 학생들이 입는 옷과 다르지 않았다. 라즈니쉬가 볼 때, 아난드에게 돈이 동기가 된 적은 없었고, 이 점 하나만큼은 의심의 여지가 없었다.

"그의 명성 정도면 수익을 벌 수 있는데도, 진정한 스승의 길을 걷는 분이에요. 그는 최고입니다."

잘 알려져 있듯이 아난드 꾸마르는 끈기와 성공하겠다는 의지를 중요하게 여긴다. 지난 세월 동안 그는 학생 앞에서든 정부 관료들이나 사업가들 앞에서든 상관없이 자신의 소신을 밝혔다. 어려움을 헤쳐 나가는 의지가 성공의 열쇠이며, 아무리 이기지 못할 문제가 닥쳐도 헤쳐 나가겠다는 의지와 인내심이 성공과 실패를 나누는 차이점이라는 자신의 믿음을 분명하게 말했다.

"마음속에 있는 의지력이 성공을 향한 추진력입니다."

이는 아난드 꾸마르가 가장 좋아하는 말로, 동경대학교, 영국 컬럼비아대학교, MIT, 하버드, 스탠포드, IIMs 기업을 비롯해서 여러 마을이나 도시 회관 등 어느 곳에서든 연설할 때마다 즐겨 사용하는 구절이다.

IIT를 넘어, Super 30을 통해 본
교육의 본질

아난드는 경쟁이 심한 어려운 시험을 치르는데 왜 꼭 코칭이 필요한지, 학부모들과 관계자들한테서 자주 질문을 받는다.

"학생 혼자 힘으로 공부할 수 있어야 하지 않나요?"

"IIT 입학시험(JEE)을 통과할 수 없는 수준이라면 대학교육 자체를 따라갈 수 없는 거 아닌가요?"

주로 이런 질문이다. 그 바탕에는 학교에서 배우는 것과 같은 내용을 학원이 반복하는 시스템 자체에 문제가 있으므로 개선이 필요하다는 논리가 있다.

그러나 JEE 입시 문제는 2점 더 받는 것이 중요한 것이 아니라 다른 수준의 사고능력을 요구하는 것으로, 완전히 다른 수준이라는 것을 생각해야 한다. 바로 이런 수준 차이가 중요한 부분이다. JEE 구성은 독특해서 학교에서 주·중앙 진급 시험 문제를 푸는 것만 훈련받은 학생들이 아무런 코칭 없이 합격할 가능성은 거의 없다.

또한 IIT 지망생들에게 어려운 점은 JEE 고급 시험이 연속해서 두 번만 응시할 수 있는 점이다. 이 문제는 특히 힌디어로 수업하는 학교를 나온 저소득층 학생들에게 약점으로 작용한다. 질문을 이해하는 데도 시간이 많이 걸리는데다가, 대부분 첫 시험에서 문제 풀이나 해법 분야가 너무 생소하기 때문에 결국 실제 문제 해결과 비판적 사고 영역에 집중하기 위해서는 두 번의 응시가 필요하다.

최근 들어 아난드는 엔지니어를 꿈꾸는 학생들이 학교에서 온라인 교육을 받는 것이 가능하도록 정부 기관과 방안을 협의하고 있다. 그 일이 이루어지기만 하면 가족들에게 부담이 되는 비싼 개인 교습에 의존하지 않고 어느 정도 학습이 가능하기 때문이다.

여러 해 동안, 프로그램을 마친 학생들이 IIT나 다른 대학에 들어갈 때마다 모두 하나 같이 아난드에게 연락을 한다. 가장 일반적인 전화 내용은 IIT가 상상하고 기대했던 것과 너무 다르다는 불평이다. Super 30 출신이 아닌 학생들도 비슷하게 느낄 수 있는 것이지만, 끊임없이 공부하며 깨어 있는 모든 순간, 심지어 자면서도 그려 봤던 IIT였기에 그야말로 하늘을 찌르는 기대치를 가질 수밖에 없다.

너무나 많이 인내하고 노력해서 들어간 만큼 실제 현실로 다가왔을 때는 실망스러울 수 있는 것이 사실이다.

아난드도 수년에 걸쳐 IIT에 대해 알 수 있었다. 많은 제자들이 불만으로 얘기하는 부분은 아무도 공부나 연구에는 관심 없고 졸업할 때 유리하도록 경력을 모아 스펙을 쌓는 일에 경쟁적이라는 점이다. 신문에서까지도 구직 시절이 되면 좋은 스펙을 찬양하는 기사를 싣는다. 어째서 혁신적인 연구 프로젝트는 경력이 될 수 없는 건지 의문이다. 10억 개의 꿈을 가진 나라에서 최고의 연구소가 된 후에도 마크 주커버그가 아니라 더 많은 사티아 나델라(Satya Nadellas)*만을 양성해 내는 건 너무 이상하지 않은가?

혁신과 창의성의 문화는 처음부터 장려되어야 한다. 기계적으로 기억하기만 하는 학습에 익숙해진 학생들에게 어느 날 갑자기 배움에 대한 태도를 바꿔서 미래를 내다보라고 요구하는 것은 너무 불합리하다. 현재의 시스템은 문제 해결 능력이나 다양한 독해력 그리고 기본을 강조하는 것을 중요하게 여기지 않는다. 학생들은 대부분의 시간을 교과서 내용과 이론을 암기하는 것보다 그것을 목표로 학습 활동과 게임을 통해 흡수하는 것에 보낸다. 비전이나

* 인도 출신의 미국 공학자이자 현재 마이크로소프트의 제3대 CEO다.

이해력 또는 잠재력보다 점수로 학생들의 미래가 결정되는 세상에서 창의성은 교과서를 이길 수 없다.

케임브리지, MIT, 하버드는 해결과 더불어 근본 원리를 세상에 제공해 왔기 때문에 훌륭한 대학이다. 아난드는 학생들이 문제에서 '어떻게'나 '왜'를 질문하는 법을 배운 적이 없기 때문에 세계 최고 수준의 학생들에게 뒤질 수밖에 없다고 생각한다. 아난드는 라마누잔 학교에서 가르치고 Super 30을 지도하면서, 학생들에게 해답의 원리를 궁금해 하고 다양한 해법을 시도하는 습관을 심어 주려고 노력한다. 아난드의 수업 방식은 초기부터 주입식으로 알려 주지 않고 분석하는 방법을 가르칠 수 있는 선생님들이 시스템 내에 더 많아져야 한다는 살아 있는 증거다. 연구 논문에도 모든 어린이들이 직관적이고 혁신적으로 태어나는데도, 시스템을 학습하면서 이러한 고유 특성을 억제한다는 결과가 있다.

연구도 마찬가지다. 어린 시절 아난드가 수학 이론에 흥미를 가지고 연구해 직접 선생님을 찾아가 도움을 요청할 때도 차라리 학교 수업에서 이런 실험을 할 수 있다면 더 빨리 성장할 수 있지 않을까 생각한 적이 많았다. 오늘날에도 앞서가는 연구 프로젝트는 대부분 대학교 수준의 석

사나 박사 또는 박사 후 과정에서만 진행된다. 좀 더 어린 시절부터 연구에 익숙해진다면 보다 많은 학생들이 학문 분야로 나아가 자라게 되고 그들이 변화를 일으키는 사회의 지도자로 성장할 것이다.

인도가 전 세계에서 가장 많은 30세 미만의 인구를 보유하고 있다는 것은 아주 중요한 사실을 시사한다. 젊음은 곧 잠재력이다. 바로 이 잠재력이 아난드가 Super 30을 선택할 때 집중하는 요소이고, 라마누잔 수학 학교에서 되도록이면 더 많은 학생들에게 수업을 제공하려고 노력하는 원동력이기도 하다. 인도가 수많은 인력 자원을 가졌다는 것은 그만큼 많은 학생들이 최고 교육 기관의 제한된 자리를 두고 경쟁해야 한다는 사실이기도 하다. 즉 개인에게 주어지는 기회가 평균적으로 낮을 수밖에 없다. 사회, 정부, 그리고 특히 우리 모두가 협력해서 교육 시스템을 갉아 먹는 문제를 해결하기 위해 아난드 꾸마르 같은 여러 선생님들이 활동할 수 있게 만들어야 한다.

쉬지 않고 달린 20년이 지난 지금도 교육에 대한 아난드의 열정은 조금도 사그라들지 않았다. 단지 샨띠 꾸띠르에 자리잡았던 작은 교실 안의 학생 수보다 더 많은 학생들을 가르치고 있을 뿐이다. 전 세계를 여행하고 있지만 여전히 그가 가장 좋아하는 것은 Super 30과 라마누잔 학교에서 학생들과 함께하는 시간이다. 수학 공식을 칠판에 적고 학생들이 어려운 문제의 해답을 구하는 과정을 보는 것이 최고의 즐거움이다. 젊은 지성들이 스스로의 힘으로 해답을 찾아낼 때마다 그의 눈은 기쁨으로 반짝인다. 그에게는 학생들이 가족만큼이나 큰 행복이다.

Super 30은 작은 시작

2015년 12월의 어느 이른 아침, 아난드는 산띠 꾸띠르 거리에 서서 또 다른 바쁜 하루가 시작되기 전에 생각을 가다듬고 있었다. 지평선을 뚫어져라 바라보면서 머릿속으로 수업 계획을 정리하는데 갑자기 휴대폰이 울렸다. 모르는 번호였다. 사람을 가리지 않고 누구에게나 번호를 알려 주는 바람에 아난드는 하루에도 몇 번씩 원하지 않는 전화를 받았다. 주로 기자들이거나 입학 문의 또는 강연 초대에 관한 통화였다.

그날 전화는 최근에 독일 정부가 수여한 상에 대해서 묻는 기자였다. 아난드는 교육 연구부 장관인 아베-마리아 스탕게가 수여하는 상을 받게 되어 독일 작센 주에 갈 계획이었다. 그는 기자에게 몇 마디 감사의 말을 전하고 다시 휴대폰을 주머니에 넣고 눈을 감았다. 뒤편 집 안에서 가족들이 일어나는 소리가 들려왔다. 곧 아들 자갓

(Jagat)이 장난치며 엄마 리뚜(Ritu) 품을 빠져나와 아빠를 찾아 뛰어올 것이다.

2008년 아난드는 IIT 바라나시를 졸업한 리뚜와 결혼하였다. 리뚜는 소프트웨어 엔지니어로 일하고 있었지만 결혼 이후 Super 30에 헌신해 프로그램 확장에 힘쓰고 있다. 2010년에 아들이 태어나 곧 샨띠 꾸띠르와 교실 모든 곳을 아장아장 누비고 다녔다. 자갓 꾸마르는 자얀띠 데비를 비롯한 나머지 가족들의 사랑을 받았고, Super 30 학생들도 모두 아이와 놀면서 늘 긴장을 풀곤 했다.

누군가 아난드를 부르는 소리가 들렸다. 아침 차가 준비되었다. 그가 Super 30의 명성과 다가올 미래에 대해 생각하는데, 그를 향해 손짓하는 문나가 보였다. 아난드는 문나를 볼 때마다 기억하였다. 쁘라나브, 리뚜, 자얀띠 데비 그리고 직원 문나와 같은 사람들의 지원과 도움이 없었다면 그동안 Super 30이 겪은 고난을 결코 이겨낼 수 없었을 것이다.

집 안으로 걸어 들어가면서 아버지 라젠드라 쁘라사드가 기대했을 모든 좋은 일들을 천천히 떠올렸다. 그가 간직해 온 아버지의 기대였다. 아난드가 가는 곳마다 수백 수천 명의 젊은이들이 그의 이야기를 듣고 교육의 혁명에 참여하고 싶어 모여든다. 어떤 사람들은 아난드를 위인으로 여기기도 하고, 어떤 어머니들은 아홉 살 아들을 데리고 와서 가르쳐 달라고 애원하기도 했다. 지참금 때문에 가족으로부터 괴롭힘을 당하는 여인이 도움을 청하는 일도 있었다. 거의 매일 적어도 열 명 정도의 사람들이 이런저런 문제를 가지고 아난드를 찾아온다. 누군가는 남편이 때리고, 누군가는 자녀가 교육받기를 바라고, 또 누군가는 저지른 범죄를 고백하기도 한다. 그들 모두 아난드가 도움을 줄 수 있을 거라고 생각한다. 어떤 경우는 아난드가 실질적인 도움을 주기도 하지만 대부분의 경우 그렇지 못해 마음이 힘들다. 사실 그에게는 아무런 힘이 없다. 그저 힘없는 가난한 선생일 뿐이다. 애원하는 눈빛과 쏟아 내는 소원의 무게로 한없이 작아질 수밖에 없다.

Super 30은 그저 작은 시작이라는 것을 깨닫는다. 그는 나라와 가난한 사람들을 위해 더 많은 일을 해야 한다. 언젠가는 여전히 벽에 걸려 있는 아버지의 코트를 입을 자격을 갖추기 위해서 말이다.

Super 30의 현재

이 책은 2013년까지의 Super 30 이야기를 다루었기에 한국에서 책을 출간하는 2023년과 10년이라는 시간 차이가 있다. 그래서 최근까지의 이야기를 덧붙이기로 했다.

먼저 독자들의 이해를 돕기 위해 아난드 꾸마르의 Super 30이 인도 사회에서 왜 그렇게 큰 의미를 갖는지 설명해 보고자 한다. 2000년 초 당시 빠트나 시에 있던 학원들의 수업료는 10만 루피(한화 165만원)였고, 또 인근의 수많은 학원 수강생 1,000명 중에서 IIT 합격생이 1~2명 나오는데 반해 Super 30에서는 무려 첫 해 합격생이 18명에 달했다. 시 전체를 통틀어도 몇 명 될까 말까 하니, 아난드가 가르친 학생들의 합격률은 가히 기록적이라고 하겠다. 그것도 부모에게서 경제적 지원을 받지 못하고 오롯이 아이들의 학습 의지와 아난드의 가르침과 지원만으로 이뤄낸 것이기에 그의 업적은 더욱 주목받을 만했다.

2013년 책이 출판된 이후 Super 30은 크게 주목을 받았다. 그래서 2019년에는 비까스 발(Vikas Bahl) 감독과 인도의 유명 배우 흐리틱 로샨(Hrithik Roshan)이 주인공을 맡아 3개 제작사가 6천만 달러를 들여 〈Super 30〉이라는 영화를 제작했다. 영화는 크게 흥행해 2019년 힌디어 영화 중에서 최고 수익을 기록했고, 인도의 주요 영화제에서 최고의 배우상, 최고의 영화상 등 다양한 상을 수상했다.

영화 흥행에 힘입어 더 많은 사람들이 Super 30의 이야기를 알게 되었고, 우리와 가까운 일본에서는 영화 개봉과 더불어 아난드 꾸마르를 초청해 각종 강연회 등을 개최하고, 한 기업은 학생들을 위해 휴대폰을 지원해 주겠다고 나서기도 했다. 그러나 아쉽게도 인도의 휴대폰 이용료가 우리나라에 비해 매우 저렴함에도 불구하고 Super 30의 학생들은 매달 요금을 감당하기 버거워 결국 무용지물이 되는 안타까운 일도 있었다.

Super 30은 아난드 꾸마르와 그에게 크게 감동받은 당시 비하르 주의 3성급 고위 경찰공무원인 어버여넌드가 함께 지원하면서 설립했다. 2003년부터 2012년까지 10년간 300명 중 263명을 합격시켰고, 2013년부터 2019년까지 7년 동안 210명 중 182명을 합격시켰다. 창립 멤버였던 어버여넌드는 2017년 전원 합격 기록을 달성하자, 자신이 바라왔던 전원 합격의 꿈을 이룸으로써 자신의 소명은 다 끝났다며 Super 30에서 사퇴했다.

Super 30은 아난드와 어버여넌드의 지원 외에도, Super 30을 졸업한 학생들이 교사로서 Super 30에 틈틈이 다시 참여하면서 선배가 후배에게 받은 것을 나누는 자발적인 선의 선순환 구조를 이루며 성장해왔다.

2019년은 다른 해에 비해 30명 중 18명이 합격하는 저조한 기록을 나타냈는데, 이는 2019년 시험을 치르는 방식이 기존에 시험지에 써내던 것에서 컴퓨터로 입력하는 방식으로 바뀌면서, 컴퓨터를 다루는 데 익숙하지 않던 Super 30을 비롯한 도서 지역의 학생들에게 크게 불리하게 작용했기 때문이었다. 더군다나 2020~2022년 코로나 팬데믹 기간에는 이동제한으로 거의 대부분의 학교가 등교 금지 조치 때문에 정상적으로 운영하지 못했는데, Super 30 역시 예외는 아니었다. 고향으로 돌아간 아이들, 이동제한으로 생계가 더 어려워진 아이들의 부모들 가운데서는 휴대폰 사용료도 내지 못해 연락이 두절되는 경우도 있었다.

일반 학교에서는 코로나 기간 동안 온라인 학습 체제로 바꾸었지만, 스마트 기기 보급이 잘 되지 않던 시골 지역 및 저소득층 학생들은 사실상 학습을 거의 못하는 상황이었다. 아난드 역시 온라인 학습기기를 비롯한 디지털 교육을 할 여건과 준비가 되어 있지 않았던 터라 코로나 기간에는 Super 30을 이전과 같이 유지하기 어려웠다.

가장 최근에는 인도 정부가 아난드 꾸마르의 공로를 인정해 민간인에게 수여하는 국가훈장 중에서 4번째로 높은 훈장인 빠드마 쉬리(Padma Shri)상을 수여했다. 이 상은 예술, 교육, 산업, 문학, 과학, 의학, 연기, 사회봉사 및 공공 업무를 포함한 다양한 분야에서 탁월한 공헌을 한 인도 국민에게 수여하는 것으로 2023년에는 총 91명이 수상했는데, 그 중 한 명이 바로 아난드 꾸마르다. 이걸 봐도 그의 업적이 인도 사회에서 어떤 의미인지 다시 되새겨볼 수 있다.

그리고 그의 가슴속에 묻어 두었던 또 다른 꿈 역시 이루어지는 일이 있었다. 바로 케임브리지 유니온의 초청으로 케임브리지대학교에서 연설할 수 있게 된 것이다. 비록 학생이 될 수는 없었지만, 연사로서 케임브리지대학의 학생과 교수들 앞에 설 수 있었다. 그에게 정말 깊은 감동의 기억을 남겼을 뿐만 아니라, 의지와 열정이 있으면 어떤 꿈도 이룰 수 있다는 그의 철학이 실현됐음을 체험한 일이기도 했다.

유명해지고 난 후의 일상

아난드 꾸마르는 《Super 30》 책이 출판된 이후 바빠졌지만, 그의 일상은 크게 달라진 것이 없다고 했다. 물론 많은 곳에서 Super 30에 대해 알고 싶어 하면서 강연 요청이 끊임없이 들어온다. 하지만 그는 여전히 아이들에게 수학을 가르치고, Super 30을 꾸준히 유지해 나가는 것을 삶의 중심에 두고 있다고 말한다. 아무리 언론에 많이 나오고 유명해진 것 같아도 그는 아이들을 가르치고, 수학을 연구하는 것에서 기쁨을 느끼는 소박함이 우선이라고 말한다.

일부 지역에서는 예전처럼 Super 30의 이름을 도용하는 일이 많이 줄었는데, 여전히 Super 30의 이름을 내세우며 비슷한 교습방식을 광고하는 곳이 있다고 한다. Super 30은 기부금을 받지 않으면서도 모든 비용이 무료이기 때문에 Super 30과 똑같은 곳은 아직까지 없지만, 한 가지 긍정적인 점은 유사한 방식으로 저소득층 아이들

에게 무상으로 교육을 하는 곳이 좀 더 많이 생겼다는 점
이다.

좋은 의도를 가지고 아이들에게 많은 교육 혜택을 주고
자 하는 곳에서 도움을 요청한다면 아난드는 언제든 도울
준비가 되어 있다고 밝히기도 했다.

지속 가능한 교육을 꿈꾸며

Super 30은 책을 통해, 또 영화의 흥행을 통해 인도 사
회를 비롯한 미국과 캐나다 등 다른 나라에서도 그가 일으
킨 조용한 혁명이 알려졌다. 뿐만 아니라 삶을 변화시키고
사회에 변화를 이끄는 데 교육이 가진 힘을 보여 주었다.
아난드가 가장 만족감을 느꼈던 점은 예전에는 으레 공부
를 포기하던 아이들, 즉 어려운 환경에 있거나 저소득층의
아이들을 포함해 오지의 소녀들마저도 고등교육을 받길
원하고, 공학자, 공무원, 교사와 같은 직업을 갖기 위해 시
험을 치르고 경쟁하려고 한다는 점이다. 교육을 통해 역량
을 강화해서 현실적인 변화를 이루려는 열정을 보인다는
사실들이 그에게 큰 보람을 느끼게 했다.

전세계 사람들도 마찬가지였지만 코로나 팬데믹으로
그도 역시 새로운 방식을 찾게 되었다. 소셜미디어를 통

해 학생들이 생산적으로 참여하고 몰입할 수 있도록 유도하는 방법을 연구하는 한편, 강의 대신에 여러 언론사에서 매일 칼럼을 연재해 달라는 요청을 받아들여 글로 더 많은 사람들에게 다가갔다. 트위터와 페이스북 계정을 개설해 인도 전역을 포함한 전 세계 학생들과 소통도 시작했다. 이 과정을 통해 온라인 수업에 대한 혁신적인 아이디어도 얻었고 Super 30을 넘어 더 많은 학생들에게 다가갈 수 있는 방법들도 구상할 수 있었다.

일부 온라인 교육 회사들이 그에게 제안을 해왔지만 자신의 교육 철학을 이어가기 위해 별도로 자신의 온라인 수업을 개설하기로 마음먹고 준비하면서 한 단계 도약을 꿈꾸고 있다.

수많은 곳에서 공로상을 비롯한 강연 요청을 받은 그였지만, 아난드의 주된 관심사는 여전히 좀 더 많은 아이들에게 Super 30의 교육 혜택을 줄 수 있을지 고민하는 것이다. 그는 코로나로 인해 흩어진 아이들과 체계를 다시 재정비하면서 지금까지 30명으로 제한된 인원을 500명 이상으로 확대하려는 비전을 가지고 준비 중이라고 한다. Super 30이 지속 가능한 하나의 시스템과 모델로 정착하기 위해 그는 여전히 고민하고 있다.

인도 최고의 천재들이 간다는 IIT, 그리고 그 IIT에 입학할 수 있도록 가르치는 아난드 꾸마르 선생님.

팬데믹 이후 기술의 급속한 발전으로 인도 사회 역시 빠르게 변화하고 있다. 교육에 대한 열정과 기술의 힘이 만나 좀 더 많은 학생들이 공부하는 혜택을 누리게 되는 그날을 기대하며, 교육의 위대한 힘을 믿고 계속 그의 철학을 실천해 온 아난드 선생님의 여정 역시 계속되기를 응원한다.

한유진

이 책에서 힌디어는 현지 발음에 가장 근접하게 한글로 표기했다. P는 'ㅃ', T는 'ㄸ' 소리로 표기했으며, aa는 '아' 모음소리로, a는 '어' 모음소리로 표기했다. 일부 aa, a처럼 모음 소리를 구분해 표기되지 않은 경우 역시 현지 발음에 가까운 표기법을 기준으로 했다. 또한 갠지스와 같은 표현은 현지에서 부르는 '강가'로 해, 인도 현지에서 쓰는 언어에 가깝게 표기했다.

빠뻐드(papad) : 파파드, 파파덤 등으로 알려져 있으며, 한국의 '부각'과 비슷한 인도의 스낵 겸 곁반찬이다. 주로 우란 콩, 병아리 콩, 렌틸 콩, 쌀, 타피오카, 기장, 수수, 감자 등의 가루로 반죽을 만들어 둥글납작하고 편평하게 밀어 모양을 낸 다음 햇볕에 말려 저장한 후, 기름에 튀기거나 구워서 식사와 곁들어 먹거나 애피타이저로 먹는 바삭한 식감의 반찬이다. 그냥 먹거나 다진 양파, 토마토, 고수 잎 다진 것 등을 곁들인 것을 마살라 빠뻐드라고 한다.

빠트나 시(市) : 인도 북부 비하르(Bihar) 주(State)의 수도(main city)로 인도 전체 도시 중 19번째로 인구수가 많은 도시다. 기원전 490년 세워진, 세계적으로도 사람이 거주한 가장 오래된 도시 중의 하나이며, 강가(Ganges, 갠지스강)의 남쪽에 있는 도시로 부처님이 설법했다고 알려진 보드가야와 날란다대학교뿐만 아니라 힌두교 및 시크교 등의 성지순례지로도 잘 알려져 있다.

라마누잔 상 : 아난드 꾸마르가 수상한 라마누잔 상은 전 인도 라마누잔 수학클럽이 주최하고, 인도 과학기술부 산하에서 자체적으로 설립한 비기얀 쁘라사르 수학클럽 네트워크가 주관한 14회 국가수학대회에서 수여된 상이다.

라마누잔(스리니바사 라마누잔)은 인도가 영국령이던 1887년 마이소르 주에서 태어난 인도 수학자로 항등식과 방정식 부문에서 3,900개의 결과를 혼자 연구해 당시 사람들에게 완전 새로운 방식으로 입증해 내고 주목받아 1918년 영국왕실에서 왕립학회 회원 상(Fellow of the Royal Society)을 수상한 최연소 펠로우 중 한 명이기도 했다. 그의 연구 업적은 당시에 큰 주목을 받았고 1세기가 넘도록 많은 수학자들이 아이디어의 원천으로 삼아 연구하고 분석하는 데 참고하고 있다.

이런 라마누잔의 업적을 기념해 이탈리아의 국제이론물리학센터에서 개발도상국의 젊은 수학자를 위해 'DST-ICTP-IMU 라마누잔 상'을 매년 수여하고 있으며, 연구자의 연구를 지원하기 위해 강의 및 상금 1만5천 달러를 지원한다. 이 상은 국제 수학연

맹이 협력해 아벨 기금을 통해 인도 과학기술부와 노르웨이 과학문화아카데미가 지원한다. 인도 내에서는 라마누잔의 업적을 기리며 '라마누잔'의 이름을 딴 수학협회 및 재단이 있고, 다양한 수학경연대회가 열려 인도 내 수학자들에게 꾸준히 영감과 동기를 부여하고 있다.

인도공과대학교(IIT) : 인도에서는 미국의 MIT보다 더 입학하기 어렵다고 하는 인도공과대학교는 인도 23개 도시에 설립되어 있으며, 최초로 카라그뿌르에 설립된 후 뭄바이(1958), 마드라스(1959), 깐뿌르(1959), 델리(1961)에 잇달아 설립되었다. 이후 1994년 구와하띠, 2001년 루르끼대학(University of Roorkee)을 IIT 루르끼로 전환 설립하였다. 이후 2008~2009년 8개의 IIT를 새로 설립하고, 바라나스힌두대학기술연구소는 IIT BHU로 개명하였다. 2020년 타임즈 아시아가 선정한 상위 대학 100위권 내에 IIT 카라그뿌르(59위), 델리(67위), 봄베이(69위), 루르끼(83위)가 포함되었다.

NCERT(국립중앙교육과학연구센터) : 인도의 교과과정을 비롯한 교육체계를 수립하고 검증하는 교육기관이다.

JEE(Joint Entrance Exam) : 한국의 수능시험과 유사한 전국대학입학시험으로, 특히 공과 계열 입학자들이 치르는 시험이다. JEE(합동평가시험)는 JEE Main과 JEE Advanced가 있는데, JEE

Main은 1차 수능시험과 같은 전국고사이고, JEE Advanced는 JEE Main 시험을 본 학생들이 치르는 2차 입학고사로 IIT JEE는 바로 이 JEE Advanced를 의미한다.

SSC 시험: 인도 정부 산하의 직원선발위원회(Staff Selection Commission)에서 실시하는 시험으로 우리나라 공무원 시험과 유사하다. 인도 정부 기관, 부서 및 부처의 다양한 직책에 고졸부터 대졸 학력이 응시할 수 있으며 직책 및 부문별로 CGL, CHSL, CPO 등으로 분류해 시험을 치른다. 고졸 이상의 졸업생들에게 가장 인기가 높은 것은 CGL(종합 졸업자 수준 시험)로 2022년 12월에 치른 시험을 통해 2만 명을 선발할 예정이고, 그 외 고등교육 졸업자(대학 이상)를 대상으로 하는 CHSL 시험은 2023년 4,500명을 선발할 예정이다.

짜빠띠(chapati) VS 로띠(roti) : 짜빠띠는 북인도 지방의 주식으로, 발효하지 않은 원형의 인도식 빵이다. 한국에 잘 알려진 '난'과 유사하며 주로 통밀 반죽으로 만들고 두께가 로띠에 비해 얇은 편이다. 팬 위에서 동그랗고 납작하게 구워낸다. 로띠는 통밀가루 외에도 수수, 조, 메밀가루 등으로 반죽을 만들어 도톰한 편이다. 참고로 난은 백밀가루 반죽으로 만들고 모양은 주로 긴 삼각형이며 로띠나 짜빠띠보다 식감이 더 쫄깃하다. 식감이 가장 쫄깃한 순서는 난>짜빠띠>로띠 순서이고, 투박한 식감은 로띠>난>짜빠띠 순서다.

달(dal) : 렌틸콩을 비롯한 다양한 인도 콩을 익혀서 기호에 따라 양파, 토마토 등을 넣어 찌개처럼 되직하게 끓여낸 스프다. 한국 식단에 '국'이 있다면, 인도 식단에는 '달'이 있다. 주로 밥과 섞어 먹거나 지역에 따라 짜빠띠 및 로띠와도 먹는다. 찰기가 적은 인도식 쌀밥과 섞으면 바인더 역할을 하며, 식감을 부드럽게 하는 역할도 한다.

꾸르따(kurta) & 빠자마(pajama) : 인도 전통 의상으로 상의는 꾸르따, 하의는 빠자마로 일컫는다. 꾸르따는 기본적으로 허리를 덮고 엉덩이를 가리는 길이거나, 무릎까지 길게 내려오는 두 가지 종류가 있다. 빠자마는 살와르와 같이 전체적으로 통이 풍성해 여유 있는 스타일의 하의를 의미한다. 하의 중에서 통이 좁고 몸에 밀착되는 신축성이 없는 전통 하의는 '츄리다르'라고 한다.

삐따지(pitaji) : '삐따'는 아빠를 의미하는 힌디어이고 지(ji)는 존칭을 의미하는 경어 조사다. 아빠를 의미하는 '삐따'에 경어 조사 '지'가 더해진 삐따지는 아버지를 뜻한다.

발에 손을 대는 절(인사법) : 인도에서는 '발'에 손을 대는 행위는 경의의 표시다. 상대방 신체의 가장 낮은 위치에 있는 발에 손을 댈 때 자신의 머리를 낮춰야 하기 때문에, '에고(Ego)'의 상징인 머리를 낮춤으로써 상대를 존중하고 자신을 겸허하게 낮춘다는 의미를 갖는 인사법 또는 절이다. 보통 부모님이나 스승, 신, 존경하는 대상, 높은 지위의 사람 등을 만나거나 방문할 때 보편적으로 하는 행위다.

스와미 비베까난다(Swami Vivekananda) : 19세기 인도 꼴까따에서 태어난 힌두 승려이면서 철학자, 작가로 인도의 베단타와 요가를 서구 세계에 소개하는 데 큰 역할을 한 지식인이며, 인도 '라마크리슈나'의 수제자이기도 하다. 그는 특히 1893년 시카고에서 열린 종교의회 이후 미국 및 영국, 유럽에 수백 번 이상의 강의로 힌두 철학의 핵심을 전했고, 뉴욕과 샌프란시스코에 베단따회(Vedanta Society)를 설립했다. 인도 내에서는 라마크리슈나 머트라는 단체를 통해 종교 수련자와 일반 신자들에게 영성교육을 실시했고, 라마크리슈나 미션을 설립해 자선, 사회사업 및 교육을 제공했다. 그의 명쾌한 지혜와 선각자적인 자취는 지금까지도 영향을 미쳐 그는 인도에서 가장 영향력 있는 인물이자 애국 성인으로 삼을 만큼 큰 존경을 받고 있으며, 그의 생일은 전국 청년의 날(National Youth Day)로 기념하고 있다.

볼리우드(Bollywood) : 미국의 할리우드에 비유한 인도 뭄바이를 중심으로 한 영화 산업을 통칭하는 말로 볼리우드 또는 발리우드 등으로 불린다.

한유진

화학산업 전문 컨설팅 일을 하던 중 번아웃이 왔다. 휴직하고 찾은 인도가 삶을 송두리째 바꿔 놓았다. 인도에서 인도인과 결혼해 10년 이상 뭄바이에서 살며 인도 문화를 온몸으로 체득하며 살아왔다. 비즈니스는 문화와 삶, 사람에 대한 이해가 있을 때 가능하다는 철학을 바탕으로 일한다. 문화예술 교류 프로젝트를 기획하고, 기업의 인도 진출, 판매, 마케팅, 홍보를 지원하는 회사인 '스타라진'의 대표로 한국과 인도를 오가고 있다. 주간경향에 '우리가 모르는 인도' 칼럼을 2년간 연재했으며, 인도 IIT 루르끼의 스타트업 지원센터 'iHub DivyaSampark'의 한국지역 자문위원, 인도 Seed Foundation 사외이사를 맡고 있다.

윤정원

서울대학교 식물학과 졸업 후 미국 브라운대학교 대학원에서 유전학 석사를 취득하였다. 졸업후 캘리포니아로 이주하여 스탠포드대학교 안의 바이오 데이터베이스에서 3년간 근무하였다. 이후 두 아들을 키우는 엄마로 생활하면서 지역 도서관에 관심을 갖게 되어 산호세 주립대학에서 도서관학 석사를 수료하고 실리콘밸리 시립도서관에서 5년간 사서로 근무하였다. 지금은 27년 미국생활 이후 서울로 돌아와서 지식놀이터 자두나무에서 활동 중이다.

SUPER 30 슈퍼 30

한 번에 30명씩, 세상을 바꾸는 인도 수학자의 교육 여행

초판 1쇄 발행 2023년 11월 03일

지은이	비주 매튜 Biju Mathew
기획	이경아 더플랜지
편집	전윤희 메종인디아
마케팅	한유진 스타라진
책임번역	한유진
초벌번역	윤정원
교정교열	정인숙
인쇄	올인피앤비
디자인	올콘텐츠그룹

펴낸이	전윤희
펴낸곳	메종인디아 트래블앤북스
	서울시 서초구 방배로23길 31-43 1층
	전화 02-6257-1045
	이메일 welcome@maison-india.net
	인스타그램 maison_india1
	블로그 blog.naver.com/travelcampus
	출판등록 2017년 5월 18일 제2017-000100호

ISBN 979-11-971353-8-5 (03370)

메종인디아

여행에서 솟아나는 샘물 같은 이야기와 여행지의 고유한 가치가 담긴
문화유산을 가꾸는 책을 만듭니다.